アルバイト・パート採用・育成入門

「人手不足」を解消し、最高の職場をつくる

［東京大学准教授］
中原淳
＋
パーソルグループ

Basic Guide for
Human Resource Development
of Part-time Workers

ダイヤモンド社

アルバイト・パート 採用・育成入門

はじめに

「人を育てる科学」の盲点だったアルバイト・パート領域

　本書を手に取っていただきありがとうございます。
　私（中原淳）は、企業で働く人の学び・成長を主題とする人材開発研究、いわば**人を育てる科学**の研究者です。日々いろいろな企業様にお邪魔し、人事や教育担当者の方にお話を伺ったり、育成の現場を観察させていただいたりしながら、働く現場でさまざまな調査をしています。

　この分野では世界中で数多くの研究がなされていますが、じつを言うと、その大半が対象にしているのは「大企業の正社員」です。長期的に1つの職場にいる人材のほうが調査しやすいという研究者側の事情もありますが、最大の理由は、そうした中核人材の育成には企業側も積極的に力を入れてきたということでしょう。
　その結果、「人を育てる科学」の研究は、正規雇用の人材にやや偏ったかたちで進展してきたというのが実情です。

　一方、アルバイト・パートといった人材に関しては、いまだに「辞めたらまた採ればいい」「マニュアルどおりにやっていればいい」「育成など不要」といった認識が世間に根強くあります。そのため、研究の世界でもなかなかはっきりした見解がなく、あまり研究が進んできませんでした。また現場でも、それぞれの店長やマネジャーが自分なりのやり方で手探りをしている状態が続いてきたように思います。

「人が足りない！」はこれからも続く

　しかし、これまでは、それでなんとかなってきたかもしれませんが、近年は事情が大きく変わってきています。なかでも看過できないのは、我が国が抱える最大の社会課題である**人手不足**です。いま、どこの企業に伺っても、「人が足りない‼」「人が採れない‼」という悲痛な声が聞こえてきます。

人が足りない→慌てて採用→育成しない→すぐ辞める→また足りない…

　このバッドスパイラルを経験したことがある人、あるいは、いままさにそれに苦しんでいる人がほとんどではないかと思います。

　じつは私自身、これを痛感しながら本書を書いています。
　東京大学で私が統括している研究部門でも、多くのスタッフを募集しているのですが、ここ数年、新たに人材を採用するのは本当に大変です。なかなか優秀な人が集まらず、何度も募集を行ったりすることもあります。
　といっても、私の研究部門が抱えるスタッフは十数名で、新規募集の数も決して多くありません。数名を採用するだけでもこれですから、現場で奮闘する店長さんやマネジャーさんたちの苦労たるや、どれほどのものだろうかと頭が下がる思いです。

　この「人手不足」が深刻なのは、程度の差こそあれ、今後も中長期的に続く可能性が非常に高いからです。
　本書執筆時点の足元では、東京オリンピックを見越した出店ラッシュや外国人観光客の増加もあって、サービス・小売・建設などを中心にアルバイト・パート人材の特需が続いています。ひどいケースだと、あまりにも人が足りないために、営業時間を短縮したり閉店したりせざるを得ない職場すら出ていると聞きます。

さらに、少子高齢化・人口減少の日本では、長期的にも労働力人口が減っていくのは確実です。ということは、この状態が「続く」だけでなく、ますます「深刻化していく」可能性も考えたほうがいいでしょう。

アルバイトの「採用・育成」に特化した初の入門書

　そう考えると、アルバイト・パートに頼っている企業・職場は、もはや「辞めたら採ればいい」「育てるのは無駄」などとは言っていられません。むしろ、優秀なアルバイト・パート人材を確保し、時間やコストをかけて育成する覚悟のある人、また、そのように発想を転換できる企業が、この「人手不足の時代」を生き残っていくのではないでしょうか？
　そこでこの本では、どうすればアルバイト・パートを効率よく採用できるか、どうすれば一人前の人材に育てられるのか、そして、どうすれば店長やマネジャーがいなくても回る職場をつくれるのかを徹底的に掘り下げました。まさに「アルバイト・パートの採用・育成」にフォーカスした、我が国で初の入門書です。

　もちろん「店長さんのための書籍」は、これまでもたくさん出版されています。しかし、そのほとんどは、非常に優秀な成果を上げた店長やチェーン店経営者が、個人の持論や経験に基づいて書き上げたものでした。「現場の知恵」が貴重な学習リソース（資源）になることは、私も否定しません。
　とはいえ、その事例の特殊性ゆえに、別業界・別業種の店長さんにはなかなか実践しづらいものだったり、あまり役に立たなかったりすることも多かったのではないでしょうか。
　一方で、本書には、私の専門である「人を育てる科学」の知見と、現場で働く人たちへの「社会科学的な調査」の分析結果の2つが盛り込まれています。店長個人の勘・経験や精神論に頼ることなく、どのような環境でもある程度は通用する一般的な原理・原則を導き出してありますので、より

幅広いジャンルの店長・マネジャーにすぐ役立てていただけるはずです。

「大手7社・2.5万人」の調査データから見えてきたこと

　本書のもう1つの特徴である「大規模調査」については、東京大学・中原淳研究室とパーソルグループ（テンプスタッフやインテリジェンスを擁する総合人材サービス国内大手）との共同研究のかたちで遂行されました。今回はとくに、同グループの所属企業であるパーソル総合研究所のみなさんに全面的にご協力をいただいています。
　この研究プロジェクトは2014年に立ち上げられましたが、私たちはその一環として、<u>大手企業7社8ブランド（飲食業×4・小売業×2・運輸業×2）に関わる総勢約2万5,000人</u>もの方々にアンケート調査をし、じつに興味深い〝現場の声〟を多数集めることができました。
　しかも調査対象は、いまアルバイトとして働いている人だけでなく、面接を担当している人、アルバイト探しをしている人、すでにアルバイトを辞めてしまった人、そして店長やマネジャーとして活躍している人など、じつにさまざまです。これは、アルバイト・パートに関する国内調査としては、過去最大規模のものだと思います。

▶調査概要は17～20ページ

　これまでそれぞれの職場が抱えていた知恵を、調査データとして1つに結集し、徹底的に分析したのが、本書『アルバイト・パート［採用・育成］入門』というわけです。本文は読みやすさを考慮して、私・中原の一人称で書かれてはいますが、本書全体が同プロジェクトメンバーの尽力の賜物であることはここに強調しておきたいと思います（メンバーの名前・略歴は巻末に記載してあります）。
　また、アカデミックな知見や調査データに基づいた内容だとはいっても、現場で日夜激務をこなす店長さん・マネジャーさんにも気軽に読み進めていただけるよう、なるべくわかりやすい語り口を心がけました。専門知識がないと理解できない話は出てきませんので、どうかご安心ください。

まずは「気になるところから」読みはじめてください

　ここで、この本の構成をご紹介しておきましょう。

　第1章では、人手不足の現状を、データとともにざっとご覧いただきます。この事態が、みなさんの職場だけでなく、日本中で起こっている深刻なものだということをまずつかんでください。

　続く第2～5章は、本書の核となるパートです。スタッフの成長ステージに即して、それぞれの局面で発生する店長・マネジャーさんの悩みに答えています。**第2章**が募集・面接といった採用ステージ、**第3章**が新人ステージ、**第4章**が一人前になるまでの中堅ステージ、そして**第5章**が職場リーダーへと成長するベテランステージとなっています。忙しい読者の方は、まずはこのパートの気になる部分から読んでいただいてもけっこうです。

　最後の**第6章**では、少し目線を変えてシニア人材の活用を扱っています。アルバイト・パートの採用・育成を考えるうえで、これからますます重要になってくる分野です。

　また、巻末には**特別付録**として、実際に都内某所で行われた現役店長3名による覆面座談会の様子を収載しました。読者のみなさんが「あるある！」「なるほど！」と膝を打ちたくなるような、生々しいエピソード・目からウロコの工夫が凝縮されています。

　最後に、本書の「用語」について少しだけ。

　この本が主に対象としている読者は、アルバイトやパートの方をマネジメントする立場にある方々ですが、表現をシンプルにするため、本文中ではアルバイトやパート、それに類するその他の雇用形態を単に「**アルバイト**」、また、アルバイトを管理する立場にある人を「**店長**」と呼んでいます。雇用形態や業種・業界を限定する意図はなく、あくまでも便宜上の呼称ですので悪しからず。

　　　　　＊　　　　＊　　　　＊

　アルバイトのスタッフを「短期的労働力」と考えるのをやめて、「本気で育成すべき人材」と捉え直すことには、間違いなく大きな苦労が伴うことでしょう。

　しかし、冒頭でも書いた「人が足りない→慌てて採用→育成しない→すぐ辞める→また足りない…」のバッドスパイラルを抜け出すためには、必ずどこかでこの発想転換が必要になってきます。むしろ、これこそが人手不足を解消する唯一の方法だと言ってもいいでしょう。

　人手不足を社会的背景としながらも、業界はこの挑戦的課題に立ち向かうべきだと私は考えます。こうした内部からの変革こそが、業界に対する社会からの信頼を高めることにつながります。

　この本がみなさんにとって「アルバイトの採用・育成」を振り返るきっかけになれば、著者としてもうれしい限りです。ぜひ何か1つでもヒントをつかんで、すばらしい職場をつくっていただけることを心から願っています。

中原　淳（東京大学・准教授）

アルバイト・パート［採用・育成］入門
「人手不足」を解消し、最高の職場をつくる
目次

はじめに ―――――― 003
「人を育てる科学」の盲点だったアルバイト・パート領域／「人が足りない！」はこれからも続く／アルバイトの「採用・育成」に特化した初の入門書／「大手7社・2.5万人」の調査データから見えてきたこと／まずは「気になるところから」読みはじめてください

アルバイト・パートの採用・育成に関する大規模実態調査の概要 ―― 017

第1章
データで見る「人手不足」のリアル
［「職場づくり」への発想転換］

TOPIC 01
「アルバイトが足りない」は〝本当〟なのか？
データで概観する「人手不足」 ―――――― 022

深刻化するアルバイト不足／対策はさまざまありそうだが…／データで見るアルバイト不足／「3人足りなくても2人しか採れない」が現実／2025年には「583万人の人手不足」が起きる！？／「1人の店長としてできること」を考える

TOPIC 02
あなたの職場に人が足りない「本当の理由」は？
「職場づくり」こそが最強のアルバイト人材戦略 ―――――― 029

お金さえあれば、人手不足はなんとかなる？／人手が足りない店長ほど、「出口対策」が足りない／人材確保のカギは「辞めさせない仕組み」／「長く働き続けたい職場」をつくれていますか？

第2章
「いい人材」に来てもらう
[採用ステージ]

TOPIC 03
募集広告を出しても、なぜ応募者が来ない?
アルバイト求職者は「どこ」を見ているのか?―――040

「結局、ブランド・広告予算次第」は本当か?／「リクルーティング・メディア研究」の見地から考える／応募者が警戒する「ブラックバイト」／アルバイト応募者の「2人に1人」は下見に来ている!／職場こそが最大の求人メディアである／あのお客様も「将来のアルバイト候補」かもしれない…

TOPIC 04
なぜ「来てほしい人材」が集まらないのか?
学生・主婦・フリーター…属性別に「ニーズ」を把握する―――048

来てほしい人材の「ニーズ」を考えて募集していますか?／どの時間帯に、どれくらい長く働きたいか?／どの程度の時給を望んでいるか?／属性別に「重要ポイント」を見てみる／「職場の雰囲気」へのニーズは全体的に高まっている

TOPIC 05
「友人紹介」を増やすには?
「人にすすめたくなる職場」をつくる―――058

優秀な店長ほど「人づて採用」をベースにしている／コスト削減・安定供給・定着率アップ…メリットはさまざま／最大のメリットは「信頼関係」の築きやすさ／「芋づる式離職」のリスクにも要注意／「人づて採用」にも「職場づくり」が効く／「人にすすめたくなる職場」の特徴は?

TOPIC 06
アルバイトの「内定辞退」を防ぐには?
面接は「店長の対応」が9割―――065

4人に1人? 増えるアルバイトの内定辞退／「誤解を生む求人」を出さない／面接時

に「ここ、ヤバいかも…」と思われるポイント／「ふだん見えないところ」を整える／採用活動に「リクルーター」が占める役割は大きい／店長は求職者に「見られている」

TOPIC 07
アルバイトの「面接辞退」を防ぐには？
「応募へのレスポンス」がその後を決める ―――― 074

応募連絡が入ったときから勝負ははじまっている／最初はとにかくスピードが肝心／応募連絡への対応は遅くとも「翌日中」に／「今日、新人さんの面接がある」と現場に伝えていますか？／「受け入れ」のスタートダッシュは面接次第

TOPIC 08
「ここで働きたい！」と思わせる面接とは？
「給料以外の価値」を明示する ―――― 081

面接も「アルバイト育成」の重要ステップ／「お金以外に得られるものがありそう」と感じてもらう／「伝えたつもり」になっていないか？／「やりがいを伝える」＝「熱い想いをぶつける」ではない／職場のアピールポイントの「引き出し」を整理しておく

[COLUMN] 意外な盲点！？ 交通費問題

第3章
「すぐ辞める」はこうして起こる
[新人ステージ]

TOPIC 09
なぜ「すぐ辞めるバイト」がいるのか？
データで見るアルバイトの「早期離職」 ―――― 092

早期離職によるロスは甚大／離職者の22％は「1カ月未満」で辞めている！？／「ほかの選択肢」があると、躊躇なく辞める／「すぐ辞めない＝不満がない」とは限らない!!

TOPIC 10
「話と違うので辞めます」を減らすには？
入社後の「リアリティ・ショック」を軽減するRJP ──────100

1カ月未満で辞める人は「面接がよくなかった」と答える／「リアリティ・ショック」が早期離職の主な原因!?／面接の成否を決める「現実的職務予告」とは？／「キツさ」を強調しすぎてもNG／「リアルな期待」を生み出す面接の4ステップ

TOPIC 11
新人受け入れ時の「やってはいけない」とは？
アルバイトの「初期定着」をつくる仕組み ──────107

「ほったらかし」は絶対NG／「ほったらかしOJT」の時代は終わった／採用した新人には「ピープル軸の育成」を意識しよう／「新人が長続きする職場」をつくる3つの施策

TOPIC 12
現場との「認識ギャップ」を解消するには？
店長はスタッフに応じて「演じる」──────112

店長は「できているつもり」でも現場は…／「ギャップ」を埋められる店長は「役者」である!?／[属性別]早期離職を防ぐポイント

TOPIC 13
座学の新人研修は「無駄」なのか？
研修・マニュアルの意外な重要性 ──────117

「新人研修のクオリティ」と「定着率」の意外な関係／日頃から業務マニュアルの整理を

第4章
「定着」させて、一人前に育てる
[中堅ステージ]

TOPIC 14
「定着しない」の3つの理由とは？
中堅アルバイトを離職させる「カネ・ヒト・成長」の不満――124

「辞めても仕方ない」と思っていませんか？／働いた期間別に「辞めた理由」の変化を見てみる／[理由①カネへの不満]額より上がり方!?／[理由②ヒトへの不満]「困ったベテラン」はいませんか？／[理由③成長への不満]「これからどうなる」を見せる

TOPIC 15
時給アップは「引き留め」になるか？
「カネへの不満」の本質と対策――131

時給アップで「継続意欲」は高まるが…／時給が上がっても、「貢献したい」とは思わない／何よりもまずは「店長は見てくれている」という実感／「とにかく褒めればいい」ということではない

TOPIC 16
「アットホームな職場」は求められているか？
「ヒトへの不満」の本質と対策――136

やっぱり気になる「職場の仲のよさ」／「仲良しベッタリ」な職場でも「すぐ辞める人」はいる／「真面目なニーズ」を見過ごすな／「チーム実感」を生み出した2つの仕組み

TOPIC 17
「これからどうなる」を示せているか？
「成長への不満」の本質と対策――142

「成長の設計」こそ店長の仕事／経験軸の育成では「ストレッチゾーン」を意識する／優秀な店長は「小さな背伸び」を手渡している／「成長実感」をいかに演出するか／[付論]属性別に見る「評価される店長」のポイント

第5章
「職場のリーダー」を育てる
[ベテランステージ]

TOPIC 18
なぜ店長には「頼れる右腕」が必要か？
「インフォーマルリーダー」の育成論 ―――152

最初は誰でも「駆け出し店長」／「リーダーの育成」こそが店長のラスト課題!!／結果を出し続ける店長には「頼れる右腕」がいる／「ベテランによる育成」の比率が最も高い

TOPIC 19
「困ったベテラン」はなぜ生まれるか？
「権限委譲」による職場リーダーの育成 ―――158

「頼れるベテラン」と「やっかいな古株」は紙一重／店長と対立するベテランは、去っても仕方がない／「店長とベテランの会話」に現場スタッフは敏感／長期ビジョンを与えないと、職場のことを考えなくなる／「大胆な権限委譲」こそがリーダー候補育成のカギ／「リーダー＝重たい仕事」と思わせない工夫

TOPIC 20
結局、「優秀な店長」はどこが違うのか？
マネジャーとしての3つの仕事 ―――165

店長の課題は「売上」よりも「育成」／優秀な店長がやっている「3つのマネジメント」

第6章
アルバイト育成の未来へ
[シニア活用]

TOPIC 21
シニア人材をどう活用すべきか？
アルバイト人材のブルーオーシャン――174

> それでも働き手は減っていく…／これから増える「シニア人材」の秘められたポテンシャル／「前向き・真面目」で「つながり」を求める／シニアに好まれる職種は？

TOPIC 22
シニアが輝ける職場をつくるには？
シニアの離職＆モチベーション対策――182

> 体力面と人間関係でつまずくケースが多い／「特別扱い」はされたくない／人は何歳になっても「仕事を通じた成長」を求めている

[特別付録] 現役店長3名による覆面座談会――189
おわりに――218
執筆者紹介――222

アルバイト・パートの採用・育成に関する大規模実態調査の概要

東京大学・中原淳研究室とパーソル総合研究所は、外食・小売・運輸の国内大手企業7社8ブランドの協力のもと、総勢約2万5,000人に対する5つの調査を行った。

図表01　5つの調査の概要

調査名	対象	有効回答件数
【調査①】 求職者編	全国15～69歳の男女。アルバイトに興味・関心がある者。求職活動中の者	10,000件
【調査②】 離職者編	全国15～69歳の男女。調査協力企業で過去にアルバイト(それに準ずる雇用形態も含む)として働いており、直近3年間以内に離職した者。現在就業者は除く	2,926件
【調査③】 店長・マネジャー編	協力企業の職場マネジャー・現場管理者・店長など	2,380件
【調査④】 面接者編	協力企業のアルバイト(それに準ずる雇用形態も含む)の面接担当者。職場マネジャー・現場管理者・店長など	952件
【調査⑤】 スタッフ編	協力企業のアルバイト(それに準ずる雇用形態も含む)。店舗スタッフ・営業所スタッフ・配送スタッフなど	8,141件

図表02　有効回答件数(業種・性別・年代・属性別)

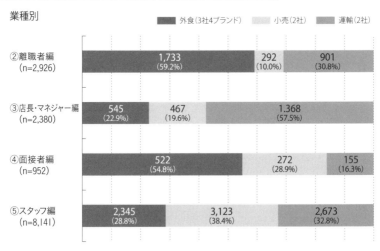

注:「①求職者リサーチ(n=10,000)」は業種別なし

主な目的	形式	期間
アルバイトとして働くことについて一般層のイメージを明らかにする	調査会社のアンケートパネルを用いたインターネット定量調査	2015年11月6日(金)～24日(火)
アルバイトの離職理由とその職場の状況を明らかにし、離職につながる要因を特定する		
店長・管理職が行っているマネジメントの状況や意識を明らかにし、スタッフの意欲や満足度との関係性を分析する	協力企業の社員・アルバイト(それに準ずる雇用形態も含む)へのインターネット定量調査	2016年1月18日(月)～2月21日(日)
アルバイト採用時の面接担当者が行っている面接の状況や意識を明らかにし、面接後の応募者の意欲との関係性を分析する		
アルバイトスタッフの職場でのコミュニケーションの状況や意識を明らかにし、意欲や満足度との関係性を分析する		

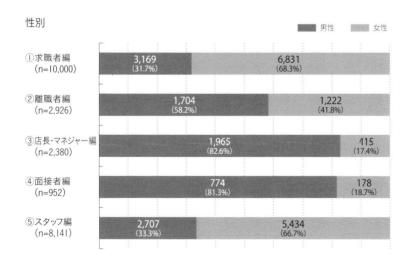

性別　　　　　　　　　　　　　　　　　■男性　　■女性

① 求職者編 (n=10,000)　　男性 3,169 (31.7%)　　女性 6,831 (68.3%)
② 離職者編 (n=2,926)　　男性 1,704 (58.2%)　　女性 1,222 (41.8%)
③ 店長・マネジャー編 (n=2,380)　　男性 1,965 (82.6%)　　女性 415 (17.4%)
④ 面接者編 (n=952)　　男性 774 (81.3%)　　女性 178 (18.7%)
⑤ スタッフ編 (n=8,141)　　男性 2,707 (33.3%)　　女性 5,434 (66.7%)

世代別

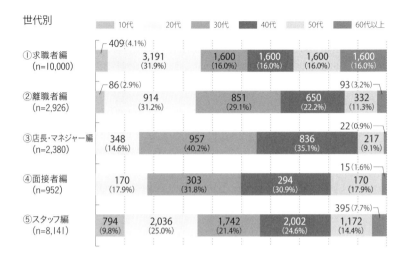

属性別

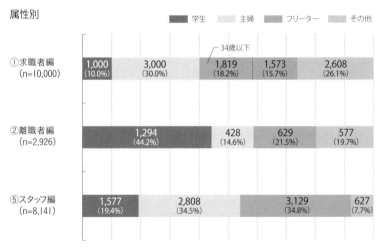

注：求職者リサーチでは「フリーター」を厚生労働省の定義に合わせて34歳までを別途抽出。「その他」はダブルワークなどを含む。
離職者の属性は就業当時のもの

※なお、本調査の結果を他媒体に引用する場合は、下記のとおり引用表示をお願いします。

[例]
中原淳・パーソル総合研究所（2015）「アルバイト・パートの採用・育成に関する実態調査（求職者編）」

第 **1** 章

データで見る「人手不足」のリアル

［「職場づくり」への発想転換］

「アルバイトの採用・育成」という本題に入る前に、そもそも現状の「アルバイト人材不足」がどれくらい深刻なのか、そしてこれが今後どのように変化していくのかを、データに沿って概観しておきましょう。さらに、人手が足りなくなる職場の基本構造を理解したうえで、これを解消するために必要な「発想転換」について考えてみたいと思います。

TOPIC 01
「アルバイトが足りない」は〝本当〟なのか？
データで概観する「人手不足」

DIALOGUE

- 「急で悪いんだけど、来週の月曜、シフト入ってくれないかな？」
- 「えっ…またですか？　早く新しい人を採用してくださいよ〜」
- 「求人は出してるけど、ニュースでも言われているとおり、日本は人手不足なんだよ！」
- 「でも店長、ウチに人気がないだけなんじゃないですか？」

いま、アルバイトの人材不足が深刻だと言われている。日本の人材市場では何が起きているのか？　人手不足に陥っている原因は何なのか？　今後、人材市場はどうなっていくのか？　アルバイト不足の実態をデータで明らかにしていこう。

深刻化するアルバイト不足

このところ「アルバイト不足が慢性的に続いている」「求人を出してもまったく応募が来ない」といった悲痛な声がいたるところで聞かれるようになってきました。

みなさんも「最近、どうもアルバイトの採用が難しくなってきた」という感覚をお持ちなのではないでしょうか？　実際、日本はいま、かつてないほどの「人手不足」に直面しています。

人手不足は、企業の大小や雇用の正規・非正規を問わず、あらゆる業種・職種で起きていますが、顕著なのが「アルバイト人材の不足」です。なかでも飲食店、飲食料品小売、娯楽サービス業などは深刻な状況に陥っています。

　たとえば首都圏では、コンビニエンスストアと外食チェーンとのあいだで、人材の奪い合いがはじまっています。その結果、出店戦略の見直しを迫られるケースや、営業時間を短縮せざるを得ないケースも出てきており、深刻さが増しています。

対策はさまざまありそうだが…

　これを打開するアクションとしては、どんなことが考えられるでしょうか？

　いちばん手っ取り早いのは、採用のための予算を上げることでしょう。求人広告により多くのお金をかければ、応募者数の増加が見込めます。

　また、時給を上げれば、より多くの人が集まるようにはなるでしょう。しかし、これらの対策は企業のコスト増につながりますし、そもそも店長に裁量がないケースもありますから、限界があります。

　それ以外には、募集する人材の幅を広げるという道もあるでしょう。近年では、首都圏や都市部を中心に外国人のアルバイト雇用はかなり増えてきています。また、従来はあまり雇用されてこなかったシニア人材を積極活用する企業も見られるようになりました。

　さらには、雇用条件を工夫する職場も出てきています。家庭の事情で短い時間しか働けない主婦の都合を考えて、数時間だけのシフトにも対応するといった方策です。

図表03　パート有効求人数の推移（1972〜2015年・年平均）

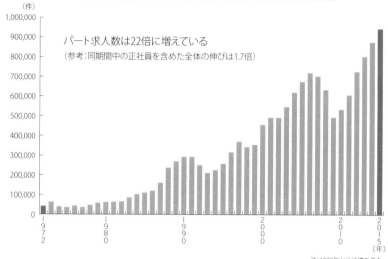

注：1973年から沖縄を含む
出所：厚生労働省（2016）「一般職業紹介状況」より作成

データで見るアルバイト不足

　それぞれの店長がすでにいろいろな試みをされていることと思いますが、日本全体の状況としては、人手不足の急速な進行にまったく追いついていないというのが実情です。ではいま、どれくらいのアルバイト人材が不足しているのでしょうか？　データでその実態を見てみましょう。

　図表03は過去40年以上のパートの**有効求人数**の推移を示したグラフです。ここでいう有効求人数とは公共職業安定所（ハローワーク）における年間求人数の合計ですから、「企業がどれくらいたくさんの人を必要としているか」の目安と考えることができます。

　ご覧のとおり、パート求人数は調査開始の1972年から22倍にまで急増しています。正社員も含めた全体の求人数はわずか1.7倍程度の伸びしか見せていませんから、アルバイト人材へのニーズがいかに急成長しているかがよくわかります。

図表04　有効求人倍率

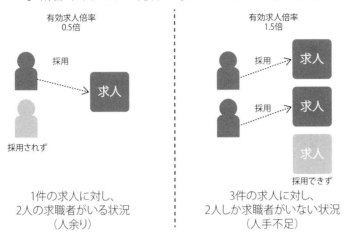

では、アルバイト不足はいつごろから起こっているのでしょうか？　同グラフをよく見ると、リーマンショックのあった2008年に一時的に低下していますが、東日本大震災後の復興需要やいわゆるアベノミクスなどの後押しもあってか、ここ数年で求人数は過去最大規模にまで膨れ上がっています。

「3人足りなくても2人しか採れない」が現実

また、求職者数に対して有効求人数がどれくらいあるかを表した**有効求人倍率**（図表04）は、1980年代後半からほとんどずっと1.0倍を上回っており、「職を探している人よりも求人の数のほうが多い状況」が続いています。つまり、このアルバイト不足は20年以上前から続く慢性的な現象だとも言えるわけですが、やはり足元での人手不足が深刻なのはたしかです。

2015年平均の有効求人倍率は1.52倍。アルバイト求職者2人に対して3件の求人があるわけですから、これは店長から見れば、「アルバイトが3人不

足していても2人しか採用できない」ということです。アルバイト1人が「1.5人分の仕事」をしたり、店長自身が時間外勤務をしたりすることで、なんとか企業が回っている状況だと言ってもいいでしょう。

　ただし、これはあくまでも〝平均値〟での話ですから、業種・地域によっては「こんなものじゃない」「もっとひどい」という実感をお持ちの店長もたくさんいらっしゃるでしょう。

　たとえば、東京労働局の発表している「求人・求職バランスシート」（平成28年7月現在）を見ると、「8.07倍（接客・給仕）」「3.86倍（商品販売）」という数値が出ています。都市部・都市近郊部では本当にひどい人手不足が起きていることが見て取れます。

　これだけ求人が多ければ、求職者はより条件のいい仕事へ流れていきますし、すぐに別の仕事が見つかりますから、簡単に仕事を辞めてしまいます。時給・立地・ブランドイメージなど、より条件面で不利な職場であれば、もっと深刻に人が足りない状況になってもまったく不思議ではありません。

2025年には「583万人の人手不足」が起きる⁉

　この人手不足は今後も変わらないどころか、むしろ、より深刻になっていくと予想されています。それは、少子高齢化が加速度的に進んでいるからです。出生率が劇的に回復する見込みのない現状では、海外からの労働力を受け入れたり、女性やシニアを活用したりしない限り、日本の**労働力人口**（15歳以上の働く意思と能力を持つ人の数）がこの先も減り続けることはほぼ確実な未来です。

　パーソル総合研究所が出している2025年の未来推計（図表05）によると、現在の248万人の倍以上、なんと約583万人の働き手が不足することになります。なかでも、情報通信・サービス業は約482万人、卸売・小売業は約188万人と、業種によってはとんでもない数字が出ています。

図表05　2025年の人材需給ギャップ推計（産業別）

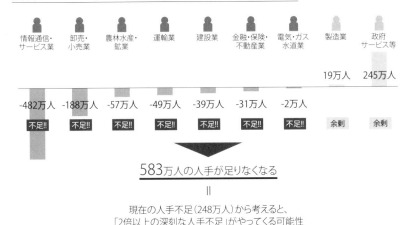

注：現在の経済成長率0.8％を維持するのに必要な就業者数と、人口動態から推計した就業者数のギャップから算出
出所：パーソル総合研究所（2016）「労働市場の未来推計」より作成

「1人の店長としてできること」を考える

　これ以外にもさまざまな推計データがありますが、今後もアルバイトが足りない状況が続くことは、ほぼ否定しようがないと言っていいでしょう。国の政策レベルでも「女性・シニア・外国人の活用」を打ち出し、これに対処しようという動きが加速しています。

　また、たとえばIT化や人工知能（AI）などの技術革新が進んで、効率性・生産性が上昇すれば、現在ほど人手が要らなくなる分野も出てくることでしょう。会社によっては、「店舗の無人化」「サービスの機械化」を戦略的に推し進めるところも出てくると思います。

　この大きなトレンドに対して、店長としてできることは決して多くありません。人口の問題や、それに伴う産業構造の変化などは、1人の店長の思考と行動を超えるものだからです。

　しかし、ここで悲観していても仕方ありません。地に足をつけて、目の

前の職場をいかに回すかを考えていく必要があります。そこでまず大切なのは次の2つです。

①いま起こっているあなたの職場の人手不足が、日本のアルバイト人材マーケットの構造のなかで「起こるべくして起こっている事態」だと認識する
②この人手不足が決して一過性の現象などではなく、今後ますます激化していくという現実を引き受ける

これらを踏まえたうえで、いまこそ店長にはその場しのぎの対応策ではなく、**根本的な発想の転換**が求められています。その核心は何なのか？　それを次のトピックで一緒に考えていきたいと思います。

> POINT
> ☐この人手不足は今後ますます深刻になる可能性が高い
> ☐とくにアルバイトの分野では、さらに人が足りなくなると予想される
> ☐悲観するのでなく「店長として何ができるか？」の発想が必要である

TOPIC 02
あなたの職場に人が足りない「本当の理由」は？

「職場づくり」こそが最強のアルバイト人材戦略

> **DIALOGUE**
> 👤「あ、今日も採用面接ですか？ けっこう応募が来てるんですね」
> 👤「そうなんだよ！ うまくいけば今月は3人採用できそうだ」
> 👤「でも、この半年で5人辞めてますよね？」
> 👤「それは言わないでよ……（涙）」

深刻化する人手不足、もう打つ手はないのか？ アルバイト不足対策には3通りの解決策が考えられるが、慢性的にスタッフが足りない職場では、そのうちの1つが完全に抜け落ちている可能性がある。それが、アルバイトの離職を減らす「出口対策」だ。

お金さえあれば、人手不足はなんとかなる？

「来月のシフトをいかに回すか」「目下のスタッフ不足にどう手当てするか」といった現実的な課題に追われている店長・企業は、どうしても「いかにいい人材をたくさん採用するか」に目を奪われがちです。

そこでまず誰もが考えるのは、アルバイト募集への「応募者数」を増やすことでしょう。「応募者の数を増やすこと」を考えた場合、店長・企業が取るアクションは、だいたい限られています。

誰でもすぐに思いつくのは「採用のための予算を増やして、募集広告を

図表06　アルバイト人材の入口・出口対策

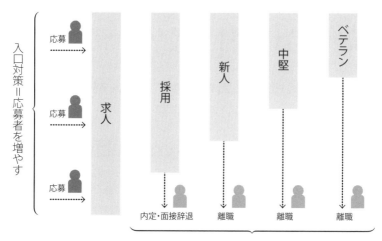

多く出す」という方法でしょう。

　これ以外にも、時給を上げたり、交通費支給を謳ったり、働く側のニーズに合わせて雇用条件を調整するような方法もあります。大きな会社であれば、テレビCMを打ったりしてブランドイメージを高めることもあるかもしれません。

人手が足りない店長ほど、「出口対策」が足りない

　とはいえ、これらの手段はすでにやり尽くされていますし、やればやるほどコストが膨らむため限度があります。また、一店長には裁量が与えられていないことも多いので、「ウチにももっと予算があれば募集広告を出せるのに…本部が現場の苦労をわかっていない！」と不満を抱いている人も多いかもしれません。

　この点については個別の事情もあるので、これ以上は踏み込まないことにしましょう。それ以前に考えていただきたいのが、「本当にこれだけしか

人手不足対策はないのか？」ということです。私はそうは考えていません。

　アルバイト人材の獲得競争が激しい時代にあって、人手不足を解消する施策は3通りあります。1つは応募数・採用数を増やす**入口対策**。これについてはすでに見たとおりです。
　2つめが、**生産性の向上**です。できる限り1人あたりの生産性を高めて、必要な人員数を減らすという努力は、会社レベルでも現場レベルでも、相当に進められていることでしょう。また、サービスの自動化・機械化などによる効率アップも、店長の守備範囲を大きく超えている部分でしょうから、本書では触れません。
　そして3つめの最重要オプションが、アルバイトの離職をできる限り防ごうとする**出口対策**です（図表06）。この出口対策こそが、今回の調査を通じて見えてきた〝最も大切〟なことの1つです。

　頭のどこかに「アルバイトはどうせ辞める。辞めたらまた補充するだけだ」という発想はありませんか？　「入口」ばかりに目が向きがちで、「出口」を十分に意識できていない店長ほど、人手不足に困っているように思います。冒頭のダイアローグのように、5人辞めたことから目をそむけて、3人採ることに躍起になっていませんか？　これは言ってみれば、蛇口をひねって水量を増やすことばかりに目を奪われ、肝心のバケツに「穴」が開いていることに気づいていないような状態です。
　今回の調査によれば、直近3年以内にアルバイトを辞めた人のうち、なんと50％以上は入社から半年までのあいだに離職しています（図表07）。また、総務省統計局のデータで正社員と比較してみても、離職率の高さは一目瞭然です（図表08）。
　どんなにコストをかけて「入口対策」をしても、ごく短期間のうちに辞められてしまっては、まったく意味がありません。じつはこの**早期離職**を防ぐことこそが、最も重要な対策になってくると私は考えています。

図表07　アルバイト離職者の就業期間

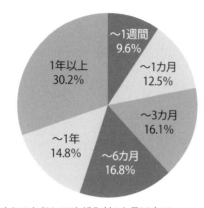

5人に1人（22.1%）が入社1カ月以内で、
2人に1人（55.0%）が入社半年以内に辞めている

出所：中原淳・パーソル総合研究所（2015）「アルバイト・パートの採用・育成に関する実態調査（離職者編）」(n=2,926)

図表08　正社員とアルバイトの離職率比較

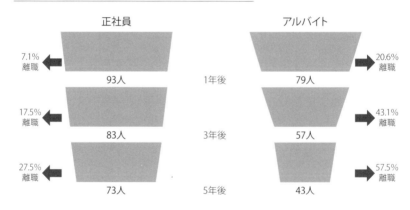

正社員の離職も増えているが、
まだアルバイトの辞める率が高い

出所：総務省統計局「平成24年就業構造基本調査」より作成

図表09　削減可能なアルバイト年間採用コストの試算

店舗数	必要人員数	離職率の改善幅	離職の防止人数	採用コスト削減額
1,000店	20人	5 (25→20%)	1,000人	3,000〜5,000万円
10,000店	12人	5 (30→25%)	6,000人	1億8,000万〜3億円
10,000店	12人	15 (50→35%)	18,000人	5億4,000万〜9億円

人員補塡にかけている「採用コスト」だけでなく、
「目に見えない育成コスト」の浪費にも注意!!

注：1人あたり採用コストを3〜5万円で試算

人材確保のカギは「辞めさせない仕組み」

　この先、人手不足が深刻化していくとすれば、採用コストは上がる一方でしょう。アルバイトの定着率を上げることで、削減が期待できる**採用コスト**（求人広告費など）を試算してみました（図表09）。

　たとえば、1,000店展開規模の飲食店で必要なスタッフ人数が20人だとします。年間定着率が5ポイント上がれば（年間離職率が5ポイント下がれば）1店舗あたり3〜5万円、全体では年間3,000〜5,000万円の削減が可能となります。店舗数1万店展開のコンビニ（必要スタッフを12人として）であれば、年間にして5億4,000万〜9億円のコストダウンです。

　ただ、企業や職場にとって重荷となるのは、このような目に見えるコストだけではありません。当然ながら、スタッフが一人前になるまではなかなか時給分の働きは期待できないでしょうし、その人を教育するために、店長や周囲のパフォーマンスがある程度は犠牲になります。つまり、人を採

用することによって、必ずそこには隠れた**育成コスト**も発生しているわけです。

　ちょっと厳しい言い方ですが、新人アルバイトが数カ月足らずで離職する状態が慢性化している職場は、「採用コスト・育成コスト」をまるまるドブに捨てているにも等しいのです。

　アルバイト人材を安定的に確保するためには、人の育成をしっかりと行い、離職（とくに短期間での）を防止する「出口対策」が必要です。これにより、長期間にわたって働く人材が増えれば、自ずと職場のパフォーマンスも高まります。

　アルバイト歴の浅い10人よりも、高いスキルを身につけた5人で職場がスムーズに回るのであれば、店長としても願ったり叶ったりなのではないでしょうか？

「長く働き続けたい職場」をつくれていますか？

　では、アルバイトに辞められないために、どんな「出口対策」が考えられるでしょうか？　たとえば「時給アップ」はどうでしょうか？
　今回の調査では、じつは時給がアルバイトの離職防止に与える影響は、それほど高くないという結果が出ています。また、時給が同じでも、アルバイトが長続きする職場とそうでない職場があります。だとすると、「ウチは時給が安いから『出口対策』なんて無理だよ！」などとは言っていられないかもしれません。

▶TOPIC 15／132ページ

　では、アルバイトが長続きする職場には、どんな特徴があるのか？　調査の結果として見えてきたのは、アルバイトの成長段階それぞれに応じて、やはりそれなりの〝正解〟がありそうだということです。アルバイトの成長には、次の4つのステージが考えられます。

図表10　アルバイト定着率の高い職場の特徴

ステージ	定着率の高い職場	定着率の低い職場
採用ステージ	・友人紹介での採用がうまくいっている ・面接ではフレンドリーに。たわいない話で和ませる ・「学校卒業」などの理由以外ではほぼ辞めない ・10年選手が4割 ・入る前に予期したほど仕事が大変ではない	・採用は主に求人媒体。なかなか集まらない ・1カ月で辞める人が4割 ・入ったあとで仕事の多さに唖然とする
新人ステージ	・スタッフの意見をよく聞き、積極的に採用 ・いい仕事を褒める（ただし、本人が成長を実感していないところはむやみに褒めない） ・少しでもルールに反したこと、配慮のないことをしたときは厳しく叱る ・「叱るのは店長、フォローはスタッフ」という役割分担がある	・社員や店長が仕事を押しつけてくる ・シフトを無理強いする ・社員や店長がアルバイトによって取る態度が違う ・店長や先輩のもの言いがきつい
中堅・ベテランステージ	・店長の「右腕」となるベテランアルバイトがいる ・主役はアルバイト。教育係なども基本的にはアルバイトに任せている（店長は数年で交代するため、別の店長になっても職場が回るように）	・ベテラン主婦たちが徒党を組んでいる ・先輩アルバイトが新人に高圧的に接している
その他 （職場の状況や受けた印象）	・気持ちのよい挨拶 ・和気あいあいとした雰囲気 ・売上がよい	・忙しすぎて従業員の顔が疲れ切っている ・社員や店長が数字に追われてカリカリしている

出所：中原淳・パーソル総合研究所（2015）「アルバイト・パートの採用・育成に関する実態調査（現地ヒアリング調査より）」

①採用ステージ（募集・面接の段階）
②新人ステージ（入社1カ月未満の受け入れ段階）
③中堅ステージ（入社1カ月以上の成長段階）
④ベテランステージ（リーダー・教育係の段階）

詳細はこのあと1つずつ見ていきますが、長続きする職場（＝定着率の高い職場）では図表10のような共通点が見られます。

さらに大切なのは、このそれぞれがお互いに結びつき合っているということです。どれか1つに注力すればいいというものではなく、それぞれの局面での取り組みがほかのスタッフにも影響を与えるような構造になっています（図表11）。

したがって、本当の出口対策は、4つのステージを見据えた**職場づくり**にほかなりません。これは裏を返せば、どれか1つでも欠けている部分があれば、たちまち悪循環が生まれ、アルバイトが長続きしない職場になりかねないということです。

図表11　人手不足スパイラルと「職場づくり」の発想

プラスのスパイラル

- ①採用ステージ
- ②新人ステージ
- ③中堅ステージ
- ④ベテランステージ
- 職場づくり

店長が不在でも回る自律型チーム
職場の「リアル」を伝える採用面接
早期離職させずに育成する体制
スタッフを育成するリーダー格の誕生

「人づて採用」による人材の安定供給

マイナスのスパイラル

- ①採用ステージ
- ②新人ステージ
- ③中堅ステージ
- ④ベテランステージ
- 職場の悪化

ベテランが機能せず店長とも対立…
職場環境が悪く内定辞退が多発…
不十分な育成で多くが早期離職…
定着率が低く、主力スタッフ育たず…

離職者が多く、採用も求人広告頼み…慢性的な人材不足へ

　その意味で、「人手不足が"原因"になって職場がダメになっている」のではなく、「職場づくりができていないから、人手不足という"結果"になっている」という発想の転換が必要なのです。

　　　　　　　＊　　　　＊　　　　＊

　以上、この章では「世の中で言われているアルバイト不足の本質」を見てきました。
　最後にお伝えしておきたいのは、アルバイトをする人たちも、よっぽどのことがない限りは「安定して長く働き続けたい」と考えているということです。当然ですが、最初から「すぐに辞めてやろう」と思って、面接を受けに来る人はまずいないのです。
▶TOPIC 09／95ページ
　だからこそ、店長としては「彼らが仕事に何を求めているのか」をしっかりと把握し、それに応えていくことが重要になります。そこを押さえた「職場づくり」ができれば、自ずと優秀な人材が残り、人手不足を解消する好ましいスパイラルを呼び込めるはずです。

しかし、「職場づくりが大事」と言われても、まだまだ漠然としていますよね。「ウチはアルバイトは本部一括採用だし、マニュアルを厳しく決められている。店長にはほとんど裁量がないからどうしようもないんだよ！」と言いたい人もいるかもしれません。

　では、どうすれば「採用→新人→中堅→ベテラン」の好循環が生まれる職場をつくっていけるのでしょうか？　次章からはステージごとに、その方法を探っていくことにしましょう。

POINT
☐ 人手不足に悩む店長ほど、採用ばかりに目が行きがちである
☐ アルバイトの離職を防ぐ「出口対策」が盲点になっている
☐ スタッフを採用する以前に、定着を促す「職場づくり」が重要である

第1章のまとめ

Q. 「アルバイトが足りない」は〝本当〟なのか？

▼本当です。しかも、これは一時的なものではなく、今後も深刻になる可能性が高いと考えられます。とくにアルバイト人材の確保はますます厳しくなるでしょう。まずは「現場でできること」にフォーカスする必要があります。

Q. あなたの職場に人が足りない「本当の理由」は？

▼「人が採れないせい」だけではないかもしれません。人材の「入口」ばかりでなく、「出口」にも注目していますか？　「人が足りない」と悩む店長ほど、離職を防ぐ発想が欠けています。辞められないためのカギは「職場づくり」にあります。

第 2 章

「いい人材」に来てもらう

[採用ステージ]

　「入口対策よりも出口対策が重要」――それはそうなのですが、まずは優秀なアルバイト人材に来てもらわなければはじまりません。その際に重要なのは、自分の職場に必要な人材像をはっきりさせ、「彼らが何を求めているのか」を把握することです。実際、学生・主婦・フリーターといった属性別に見ると、彼らのニーズにはそれぞれ特徴があることがわかってきました。それを押さえたうえで、面接や内定のプロセスにおいて何がカギとなるのかを見ていきましょう。

TOPIC 03
募集広告を出しても、なぜ応募者が来ない？

アルバイト求職者は「どこ」を見ているのか？

> **DIALOGUE**
>
> 🧑「店長、来週の火曜日、シフト入れなくなっちゃったんですが…」
> 🧑「おいおい、困るよそれは」
> 🧑「え〜、そもそも火曜日は『新しい人が来るまでの期間限定』っていう約束だったじゃないですか〜！ 先週の求人広告、どれくらい応募来てるんですか？」
> 🧑「…ま、まずまずだよ（ゼロだなんて…絶対言えない！）」

人手不足解消のためには「離職防止」が重要だとしても、やはり採用は避けて通れない課題だ。どうすれば優秀なアルバイト人材を確保できるのだろうか？ 募集広告を出す前に知っておきたい「応募者の職場選びのポイント」について見ていこう。

「結局、ブランド・広告予算次第」は本当か？

「人手不足が続いていて、アルバイト求人広告を出しているが、応募者が一向に集まらない！」という悲鳴にも似た声があちこちで聞かれます。第1章でも触れたとおり、日本では急激に労働力人口が減少しつつあり、アルバイトの確保は多くの職場にとって切実な課題となっています。

なぜ応募者が集まらないのでしょうか？ よくある答えは「ウチの会社

図表12　アルバイト応募先の職場イメージに影響を与える要因

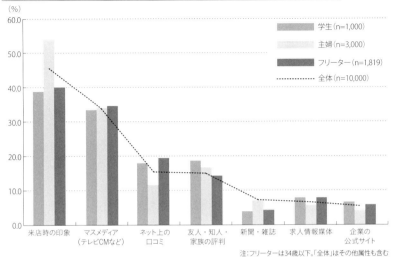

注：フリーターは34歳以下。「全体」はその他属性も含む
出所：中原淳・パーソル総合研究所（2015）「アルバイト・パートの採用・育成に関する実態調査（求職者編）」

はブランド力がないから」「大手のように多額の広告費をかけていないから」といったものです。たしかに、求職者に有利な**売り手市場**では、応募者は比較的自由に職場を〝選り好み〟する余地があります。そうなると当然のことながら、テレビCMなどを通じて知名度を高めている企業や、ポジティブなイメージが定着している人気チェーン店などに人材が殺到することになります。

では結局、こうした**求人ブランド力**は、すべて人気や知名度で決まるのかというと、じつはそんなことはありません。たとえば、図表12のデータをご覧ください。

見てのとおり、アルバイト求職者はマスメディアなどから得たイメージだけを手がかりに職場選びをしているわけではありません。むしろ、職場イメージの形成に最も影響を与えているのは**来店時の印象**であり、これがマスメディア経由で形成されるイメージよりも強い影響力を持っていることが見て取れます。

「リクルーティング・メディア研究」の見地から考える

　私が専門としている人材マネジメント研究のなかには、どのような採用活動を行えば「いい人材」を採ることができるかを主題にした**リクルーティング研究（採用研究）**という分野があります。これは正社員に関する調査を中心に、1970年代から発展してきた研究知見ですが、アルバイト採用にも関連が深そうなものの1つに**リクルーティング・メディア研究**（または、**リクルーティング・ソース研究**）というものがあります（図表13）。

　これは、企業が用いる採用メディア（媒体）によって、どのように採用効果が現れるかについての研究です。伝統的なリクルーティング・メディアには新聞・広告・ラジオなどがありますが、近年はインターネットやSNSもそこに含める必要があります。店舗型の職場であれば、店内に貼られるポスターなどもその一種です。

　採用担当者である店長は、こうしたメディアの特性を知っておく必要がありますが、先ほど見た図表12のデータで興味深いのは「来店時の印象」が「マスメディア」よりも強い影響力を持っているという点でしょう。これは正社員の採用活動には見られない、アルバイト採用に固有の特性でしょう。

　アルバイト採用においては、職場そのものが最も重要なリクルーティング・メディアであり、求職者に最も多くを語るものであること――これは特筆すべきポイントだと思います。たとえブランドイメージや知名度において競争力を欠く職場であっても、「職場の印象」を改善する取り組みによって、〝一発逆転〟できる可能性が示唆されているからです。

　あなたの職場そのものが最大のリクルーティング・メディア（採用に最も影響を与える情報を伝える存在）なのです。あなたの職場は、求職者にどのようなメッセージを届けているでしょうか？

図表13　リクルーティング研究の3大分野

研究分野	内容	参照
リクルーティング・メディア研究（リクルーティング・ソース研究）	企業が用いる採用メディア（媒体）によって、どのように採用効果が現れるかを研究する	42ページ
リクルーター研究	採用担当者の仕事の仕方、態度、情報の伝え方などが、企業の採用活動にどのような影響を与えるかを解明する	71ページ
現実的職務予告（RJP）研究	求職者に対する仕事の「実像」の予告が入社後の成長にどう影響するかを研究する	102ページ

応募者が警戒する「ブラックバイト」

　多くのアルバイト応募者が、マスメディアなどによって形成されたブランドイメージ以上に、「来店時の印象」を重視しています。こうした傾向は近年ますます強まっている感がありますが、その背景の1つとして考えられるのは、**ブラックバイト**への警戒感でしょう。

　ブラックバイトとは一般に、本人の希望を無視してシフトを組む、長時間労働を強いる、重すぎる責任・ノルマを課す、ひどい場合は、残業代や割増賃金の不払いがあるなど、労働条件が悪質なアルバイトのことを指します。

　こうしたアルバイト雇用の問題に関しては、私も共同研究メンバーも以前から心を痛めており、その根絶に対する意識を高めていきたいと考えています。「働きやすい職場、長く勤めたい職場をつくることこそが、人手不足の解消につながるのだ」という本書に通底するメッセージは、このことの証左です。

図表14　アルバイト応募前の下見率

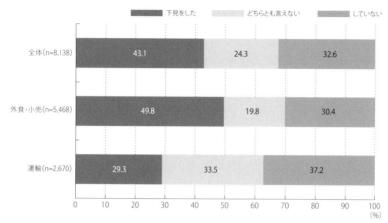

外食・小売では、約半分の応募者（49.0%）が下見に来ている

出所：中原淳・パーソル総合研究所（2015）「アルバイト・パートの採用・育成に関する実態調査（求職者編）」

　ブラックバイトが社会問題として多くのメディアに取り上げられたこともあり、「マスメディアに喧伝されているブランドイメージだけでは〝本当にいい職場〟かどうかは判断できない」という心理が求職者のあいだに生まれています。図表12の第3位が「ネット上の口コミ」だったことも、「表向きではない〝生の情報〟を得て判断したい」という意識の表れだと言えるでしょう。

アルバイト応募者の「2人に1人」は下見に来ている！

　では実際のところ、アルバイトに応募してくる人たちのうち、どれくらいの割合が職場の〝下見〟に来ているのでしょうか？　今回の調査では、図表14のようなデータが得られました。
　外食・小売では、約5割（49.8%）が下見に来ていることが見て取れます。アルバイト応募のための下見としてではなく、「過去にお店を使ったことがある」といった例も含めれば、その割合はさらに増えるかもしれません。

図表15　アルバイトの職場選択における決定要因

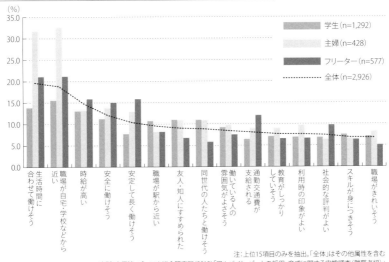

注：上位15項目のみを抽出。「全体」はその他属性を含む
出所：中原淳・パーソル総合研究所（2015）「アルバイト・パートの採用・育成に関する実態調査（離職者編）」

　つまり、どれほど全国的に名前の知られた〝ブランド力の高い〟職場であっても、応募者の2人に1人があらかじめ実際に現場を訪れ、応募の判断材料にしているのです。

　これは私たちの事前の想定を大きく上回った「驚くべき数値」でした。現場で活躍されている店長のみなさんの実感としてはいかがでしょうか？

職場こそが最大の求人メディアである

　では、求職者は「下見」の際にどんなポイントをチェックしているのでしょうか？　これを探る手がかりとして、「アルバイトの決め手要因」の調査を見てみましょう（図表15）。

　応募理由の上位には、勤務時間・勤務地の利便性、時給の高さなどの雇用条件がランクインしています。これらが上位に来ているのは当然といえば当然でしょう。

　注目すべきはそれに続く項目たちです。

- 安定して長く働けそう（5位）
- 同世代の人たちと働けそう（8位）
- 働いている人たちの雰囲気がよさそう（9位）

このようにアルバイト求職者が職場を決めるときには、そこのスタッフたちが「どういう働き方をしているか」にも注意を払っていることが伺えます。「同世代の人たちと働けそう」「働いている人たちの雰囲気がよさそう」といった答えからは、彼らがアルバイトの職場に「時給以外のもの」を求めていることが見て取れます。

業種によっては半数近くのアルバイト求職者が事前に下見に訪れ、スタッフの様子や店の雰囲気などをチェックしている——この事実を考えると、やはり「職場こそが最大の求人メディアである」と言わざるを得ません。

あのお客様も「将来のアルバイト候補」かもしれない…

アルバイトが店長に怒鳴りつけられているお店を訪れて、「ここで働いてみようかな…」などと思う人はいません。いくら店長が面接のときに優しそうな顔をしても、ひょっとしたら仕事中の追い詰められた表情を見られているかもしれません。表面上のサービスがよくても、トイレがひどく汚れているだけで、応募する気をなくす人もいるでしょう。

くどいようですが、あなたの職場そのものが、採用の成否を左右する情報を最も多く伝えているのです。もしあなたの職場への応募者が極端に少ないのだとすれば、まずこのようなレベルでの「取りこぼし」がないか、もう一度考え直してみる必要があります。

これは店舗型の職場に限りません。店長は日頃から職場の雰囲気やスタッフの働きぶりが〝見られている〟という意識を持ち、「応募したくなる職場」をつくることが欠かせないのです。

POINT
☐ 応募者はマスメディアよりも自分の目を信頼している
☐ 外食・小売では、応募者の2人に1人が下見している
☐ 職場こそが最高の求人ブランドをつくる「最高の求人メディア」

TOPIC 04
なぜ「来てほしい人材」が集まらないのか？

学生・主婦・フリーター…属性別に「ニーズ」を把握する

> **DIALOGUE**
>
> 👤「最近、よく面接してるみたいですね。『いい人』いましたか？」
> 👤「けっこう応募はあったんだけどね…」
> 👤「じゃあ、いつも足りない夜間のシフト、ようやくなんとかなりそうですね！」
> 👤「いや〜それが…日中勤務希望の主婦からの応募ばかりでね…」

募集をかけてみたものの、こちらが思ったとおりの応募者が集まってくれるとは限らない。応募者は何を求めて働くのか？　働く側の「ニーズ」を知ることで、来てほしい人材を集めるヒントを見つけよう。

来てほしい人材の「ニーズ」を考えて募集していますか？

「求人広告を出してみたものの、応募がまったくない」という悩みをよく耳にしますが、それだけではなく、「じっくり長期間働いてくれそうなフリーター層が集まらない」「ランチタイムに働いてくれる主婦層からの応募がない」など、〝いままさにお店に必要なタイプの人材〟からの応募が集まらないという悩みも多いようです。みなさんの職場はいかがでしょうか？

　業種・業態や地域・立地・時期などにより、応募者の属性にある程度の

図表16　調査データ分析上の3属性

属性	説明
①学生	高校生・専門学生・大学生・大学院生の男女
②主婦	既婚の女性が主体
③フリーター	学生以外の男性・未婚の女性が主体

注：対象者の回答を元に区分。「主婦」にはごく少数の「主夫(男性)」も含む。
求職者編では「フリーター」を厚生労働省の定義に合わせて「34歳まで」を別途抽出

　偏りやばらつきが出るのは仕方のないことです。しかし「すぐ近くにある競合店には学生バイトが多く集まっているのに、なぜかウチの店は学生からの応募が来ない…」などということはないでしょうか？

　もしそうだとすれば、勤務条件などが学生たちのニーズに合致していないのかもしれません。求職者たちがアルバイトに求めるニーズはそれぞれですし、日々変化しています。応募してきてほしい人材像が明確なのであれば、彼らが求めているものをつかんだうえで、それを意識した採用アプローチをとることが大切です。

　たとえば、主婦を採用したいのであれば、ウェブメディアに広告を掲載するよりは、地域密着の雑誌などを選んだほうが、「近場で働きたい」という希望を持った主婦層の応募率は高まるのではないでしょうか。

　そこでここからは、アルバイト求職者が希望する勤務時間帯や時給、重視するポイントなどを、各属性別に見ていくことにしましょう。なお、本書では、アルバイトの属性を図表16のとおり3つに分けて分析しています。

どの時間帯に、どれくらい長く働きたいか？

まず、勤務時間の長さや時間帯には、どんな違いがあるでしょうか？属性別に見ると、求職者に対する調査では、図表17・18のような結果が出ています。

学生　学業優先で「空いた時間」に働きたい

学生は授業が終わったあとの18〜21時の時間帯を希望する人が多いようですが、曜日によっては日中の時間も働きたいといったところでしょうか。希望する勤務時間の長さは、3〜5時間に集中しており、学業優先で「空いた時間」に働きたいというニーズが読み取れます。

主婦　午前中から夕方までのあいだに働きたい

主婦は、午前中から働きたい人が多く、午後は15時までの時間に希望が集中しています。逆に、夕方18時以降の時間帯になると、極端に希望者が減るのは、子育てや家事を抱えている人が多いからでしょう。

希望する勤務時間の長さは4〜5時間が最も多くなっていますから、あまり長い時間でシフトを組むことは避け、仕事を細かく分けていく工夫が、主婦活用のカギとなりそうです。

フリーター　多様なニーズがある

フリーターは、9〜18時の時間帯を希望する人も多いですが、人によっては深夜や早朝などの時間帯を希望しています。この点についてはそれぞれの人材ごとにまちまちなようです。

一方、7〜8時間の勤務を希望する人が圧倒的に多いことからは、それなりに長めのシフトに入って、しっかりと稼ぎたいというニーズが見て取れます。

図表17　勤務を希望する時間帯（属性別）

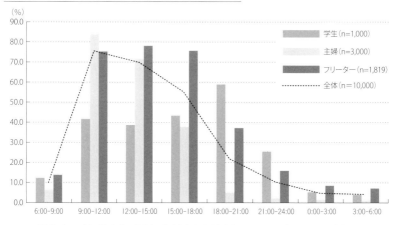

学生は18時以降中心、主婦は午前中から働きたい、フリーターは昼間中心

注：フリーターは34歳以下。「全体」はその他属性を含む
出所：中原淳・パーソル総合研究所（2015）「アルバイト・パートの採用・育成に関する実態調査（求職者編）」

図表18　希望する勤務時間の長さ（属性別）

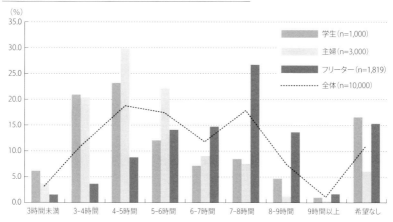

学生・主婦は短め、フリーターは7時間以上のフルタイムを希望する傾向

注：フリーターは34歳以下。「全体」はその他属性を含む
出所：中原淳・パーソル総合研究所（2015）「アルバイト・パートの採用・育成に関する実態調査（求職者編）」

どの程度の時給を望んでいるのか？

　次に気になるのが、お金の問題です。当然のことながら、アルバイトの求職者たちは、収入を得るためにアルバイトの職を探しています。ですので、時給が上がることは、求職者にとっては大変重要です。今後の人手不足時代において、アルバイトの労働環境を改善し、離職を防ぐためにも、業界として賃金を高めていく経営努力は必要でしょう。

　しかし一方で、求職者たちは必ずしも「時給の高さ」だけで仕事を選んでいるわけではないようです。自分の生活スタイルに合った働き方ができることを優先する人もいれば、職場の人間関係に重きを置く人もいます。

　ひとまず参考までに属性別の希望する最低時給の平均データを見てみましょう（図表19）。

　ここであえて50歳以上のデータも別途掲載したのは、彼らの希望時給が圧倒的に高くなっているためです。この要因としては、正社員時代の給与水準が高かったことで希望額がつり上がっていることなどが考えられます。シニア人材についてはまたのちほど検討しますが、彼らの希望時給の高さは、これからシニア活用を検討している職場にとって大きなポイントになるかもしれません。

属性別に「重要ポイント」を見てみる

　図表19の時給データについては、なぜ主婦の希望額が学生よりも低いのかなど、金額を見ただけではよく判断できない部分もありますので、もう少し別のデータを見てみましょう。

　図表20はすでにアルバイトをしている人に「職場探しで何を重視したか？」を尋ねた調査の結果です。

　さまざまなことが読み取れますが、これをベースにしながら、今度はア

図表19　希望する最低時給の平均額（属性別）

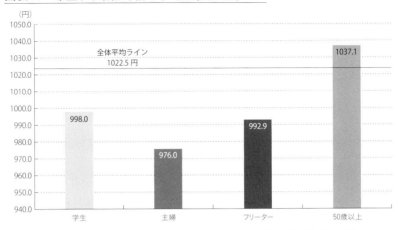

正社員時代の感覚を引きずる50歳代以上の世代は、希望時給が高くなりがち

注：フリーターは34歳以下
出所：中原淳・パーソル総合研究所（2015）「アルバイト・パートの採用・育成に関する実態調査（求職者編）」

図表20　アルバイト求職時に重視するポイント

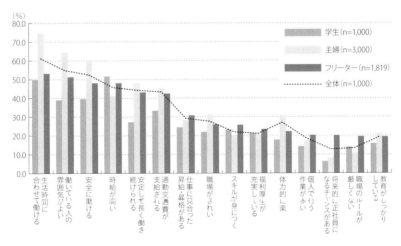

注：フリーターは34歳以下。上位15項目のみを抽出
出所：中原淳・パーソル総合研究所（2015）「アルバイト・パートの採用・育成に関する実態調査（求職者編）」

図表21　学生がアルバイト求職時に重視するポイント

順位	内容	(%)	カテゴリ
1位	時給が高いこと	52.0	給与
2位	生活時間に合わせて働けること	49.8	時間
3位	安全に働けること	39.8	安全・安定
4位	働いている人の雰囲気がよいこと	39.5	仲間
5位	通勤交通費が支給されること	33.4	給与
6位	安定して長く働き続けられること	27.1	安全・安定
7位	仕事に見合った昇給や昇格があること	24.4	給与
8位	今後に生かせるスキルが身につくこと	23.4	スキル
9位	職場がきれいなこと	22.3	環境
10位	福利厚生が充実していること	21.6	環境

出所：中原淳・パーソル総合研究所（2015）「アルバイト・パートの採用・育成に関する実態調査（求職者編）」（n=1,000）

ルバイト求職者が「アルバイト探しで何を重視したのか？」を属性別のランキング形式で見てみましょう。

学生　とくに強いこだわりはないが、「つながり」も重視

「時給の高さ」が1位となっているのは学生だけです（図表21）。ただ、1位と2位との差は2.2ポイントしかありませんし、全体的にも項目間に大きな差は見られません。その意味で、学生がアルバイトを探すときの特徴は、「比較的これといったこだわりを持っていない」という点にあると言えるでしょう。

また、職場決定要因の調査（図表15）では、「友人・知人にすすめられた」「自分と同世代の人が働いていそうだった」など、同僚との「関係性」を重視していることが読み取れます。お金だけでなく、同世代の仲間とのつながりに対するニーズもあるようです。

▶45ページ

主婦　「時間」と「交通費」を重視

主婦の場合は、学生と比べて項目間の差が大きくなっています（図表22）。

図表22　主婦がアルバイト求職時に重視するポイント

順位	内容	(%)	カテゴリ
1位	生活時間に合わせて働けること	74.5	時間
2位	働いている人の雰囲気がよいこと	64.6	仲間
3位	安全に働けること	60.0	安全・安定
4位	安定して長く働き続けられること	48.2	安全・安定
5位	通勤交通費が支給されること	45.6	給与
6位	時給が高いこと	41.2	給与
7位	職場がきれいなこと	31.6	環境
8位	体力的に楽なこと	30.8	仕事内容
9位	仕事に見合った昇給や昇格があること	28.0	給与
10位	自分と同世代の人が働いていること	27.2	仲間

出所：中原淳・パーソル総合研究所（2015）「アルバイト・パートの採用・育成に関する実態調査（求職者編）」(n=3,000)

とくに顕著なのは、1位の「生活時間に合わせて働けること」が突出している点です。家事や育児に支障のない範囲内の時間で働ける場所を求めていることがわかります。

もう1つ面白いのは、「時給の高さ」（6位）よりも「通勤交通費の支給」（5位）が重視されている点でしょう。この背景には主婦ならではの節約意識、そして夫の配偶者控除の問題があると推測されます。また、まとまって働ける時間が短いため、1回の通勤ごとの交通費支給がないと実質的な給与を押し下げる要因となるからだとも考えられます。
▶90ページ「コラム」参照

職場決定要因の調査（図表15）でも「職場が自宅などから近い」という項目が高くなっており、できる限り近いエリアで、家庭生活の時間に合わせた働き方をしたい、というニーズがあるようです。
▶45ページ

フリーター　「条件面」と「長く働けること」を重視

フリーターは主婦ほどに項目間の差は大きくありません（図表23）。ランキングの順位自体は、主婦と大きな違いはありませんが、「時給が高いこと」が4位に入っており、主婦よりも「稼ぐこと」を意識しているのが読み

図表23　フリーターがアルバイト求職時に重視するポイント

順位	内容	(%)	カテゴリ
1位	生活時間に合わせて働けること	53.1	時間
2位	働いている人の雰囲気がよいこと	51.3	仲間
3位	安全に働けること	48.3	安全・安定
3位	時給が高いこと	48.3	給与
5位	安定して長く働き続けられること	43.4	安全・安定
6位	通勤交通費が支給されること	42.6	給与
7位	仕事に見合った昇給や昇格があること	30.7	給与
8位	職場がきれいなこと	26.3	環境
9位	スキルが身につくこと	25.7	スキル
10位	福利厚生が充実している	23.6	環境

出所：中原淳・パーソル総合研究所（2015）「アルバイト・パートの採用・育成に関する実態調査（求職者編）」（n=1,819）

取れます。

　また、応募理由で「安定して長く働けそう」（5位）が高い数値を示しているのは、彼らがある程度は長期的な雇用を前提に職探しをしているからでしょう。

　フリーターでも「通勤交通費」（6位）のウエイトが42.6％と高くなっていますが、これは主婦の場合とは違って、職場が多少遠くても条件がいい職場を選ぼうとする考えを反映したものだと言えるでしょう。

「職場の雰囲気」へのニーズは全体的に高まっている

　以上のように、それぞれの属性によってアルバイト求職者が重視するポイントには違いがありますが、一方で共通点もあります。わかりやすいのは「生活時間に合わせて働けること」のような利便性の面ですが、もう1つ見落とせないのが「働いている人の雰囲気がよいこと」という項目でしょう。

図表24 「職場の雰囲気のよさ」を重視する傾向の推移

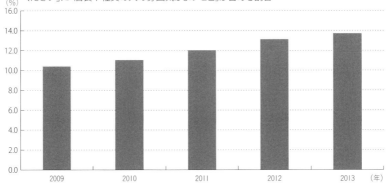

質問「その仕事(アルバイト・パート)を探した際に最も重視したことを3つだけお選びください」に「店長や社員の人の雰囲気がよいこと」が占める割合

時給や条件面のよさ「以外」を重視する傾向は、年々高まっている

対象:アルバイト・パートをする15〜34歳の男女(n=7,420)
出所:アルバイト採用担当者向けメディア「anレポート」(2013)より作成

　図表24はパーソルグループのアルバイト求人メディアである「an」が行った調査の結果ですが、これを見ると「職場の雰囲気のよさ」を重視する流れは年々強まっていることがわかります。しかもこのような傾向は、とくに若年層に強く見られます。

　仕事を選ぶ基準として給与などの条件面だけでなく、「職場の雰囲気」といったソフト面にも目が向けられるようになってきたのは、人手不足が慢性化するなかで、アルバイトの選択肢が増えたり、時給が上がってきたりしたからでしょう。

　今後もこの〝売り手市場〟が続くとすれば、働く人や職場の雰囲気を重視して応募先を選ぶ傾向は強まっていくはずです。これはすでに確認した「下見率の高さ」とも見事に符合します。「職場づくり」は、ほしいアルバイト人材の属性に関係なく、つねに店長が向き合うべき課題なのだと言えるでしょう。

POINT
☐ 来てほしい人材のニーズを知り、それに合わせた募集方法を考える
☐ 「職場の雰囲気のよさ」を重視する傾向は高まっている

TOPIC 05
「友人紹介」を増やすには？

「人にすすめたくなる職場」をつくる

> **DIALOGUE**
>
> 👤「店長、どう考えても人が足りませんよ。どうにかしてください！」
> 👤「うん…そうだ！　君の友達でいい人を誰か紹介してよ」
> 👤「ええ、はい…（ちょっとウチの店は友達にはオススメできないな）」
> 👤「…あれ、どうかしたの？」

アルバイト1人あたりの採用コストが上がるなか、友人紹介などによる「人づて採用」は願ってもない機会だ。実際、人手に困っていない職場では、優秀なアルバイトが優秀な人材を連れてくるという好循環が生まれている。「人にすすめたくなる職場」はどうすればつくれるのだろうか？

優秀な店長ほど「人づて採用」をベースにしている

　アルバイトの確保が難しくなっているいま、有効な採用方法として注目すべきなのが**人づて採用**です。要するに、アルバイトのスタッフを介して、その友人・知人を紹介してもらい、新たな人材として雇用するというやり方です。
　近年、正社員の領域でも、**リファラル・リクルーティング**を促進しようとする動きが見られます。これは、従来型のいわゆる**縁故採用**をよりブラッシュアップした制度で、人材間のネットワークを戦略的に活用しながら

人材を獲得することを目的にしています。

「それならウチもやっているよ」という方も多くいらっしゃることと思いますし、紹介してくれたスタッフに**インセンティブ報酬**を支払うようにしている企業もあります。

　今回の調査でも、うまく回っている職場ではやはり「人づて採用」を取り入れていることが再確認できました。

　インセンティブ制度のような企業レベルの取り組みまでいかないにしても、一店長としてやれることはたくさんあります。

　たとえばある飲食店の店長Eさんは、アルバイトでシフトに入っている学生の友人たちが来店した際、特別サービスとして一品多く提供するようにしているそうです。また、その友人たちの前で、そのアルバイト学生を「彼は優秀だから、本当に助かっている」と褒めたりするといいます。これを続けていたところ、その友人たちが次々とEさんの店に応募してくれるようになり、人手不足が解消されたといいます。これもまた人づて採用を促進するうえで効果的な取り組みだと言えるでしょう。

コスト削減・安定供給・定着率アップ…メリットはさまざま

　人づて採用には数々のメリットがあります。まず、何よりもお金がかからないということ。募集広告を出す必要がありません。

　また、人材を安定的に確保できるということも魅力です。某ファストフードのある店舗では、近隣にある大学の特定のサークルメンバーが代々アルバイトとして働いています。そのサークルに新入生として加入すると、先輩から「君もあの店で働かないか？」と誘われるので、学生が卒業してしまっても人手不足に困ることはないといいます。これは人づて採用の理想的なかたちではないでしょうか。

　また、見落としがちなのは、紹介される側の視点です。すでに働いてい

る知人を通じて、あらかじめ職場の状況をいろいろとつかめますし、信頼する人が紹介してくれた職場とあれば、安心して応募することができます。図表15の「職場の決め手要因」のデータでも、「友人・知人にすすめられたから」（7位）は「社会的な評判がよいから」（13位）よりも上位に来ていました。つまり、応募者はブランドイメージ以上に、直接的な口コミ情報を重視しているということです。

▶45ページ

　こうして事前に職場のイメージがつかめていることは、その人材を採用した〝あと〟にも響いてきます。海外のリクルーティング研究の知見でも、「その組織で自分が働くイメージ」を事前に持っているスタッフのほうが、入社後にその会社に定着する率が高くなることがわかっています。

　また人づて採用のほうがより定着率が高くなることも指摘されており、近年は、SNSなどを用いた求人などが注目されています。アカデミックな成果としても、「人づて採用」はかなり確度の高い採用手法だということがわかってきているのです。

最大のメリットは「信頼関係」の築きやすさ

　このように、さまざまな利点がある人づて採用ですが、その最大のメリットは、紹介というステップを踏むことで、いい人材を採れる可能性が高くなることでしょう。

　まず紹介する側のスタッフは、いい加減な人を引っ張ってくれば、自分に対する信頼が落ちますから、それなりにしっかりした人に声をかけようとします。つまり、スタッフに紹介されてやってくる求職者は、まず紹介者の〝フィルター〟をくぐり抜けた人材であるということが言えます。

　店長としても、まずは優秀な人の知人・友人を採用したいと思うでしょうし、そういう人が連れてきた人材なら安心して受け入れられるのではないでしょうか？　巻末の店長座談会でも、ある店長さんはこう語っていました。

「やっぱり友人紹介での採用のほうが離職率も低いですし、有効だと思いますね。やたらめったら人を紹介してもらうというわけではなく、店長目線で『この人の紹介なら大丈夫だろう』と、ある程度信頼の置ける子に紹介してもらうのがいいですね。ですが、『できれば早く辞めてほしいな』と思っているアルバイトさんに限って、『友人を紹介したいんですが』なんて言ってきたりして、正直困ることもあります（笑）」

　人の成長に関するアカデミックな研究の世界では、こうした信頼関係（専門用語で**ラポール**といいます）を構築するステップが、非常に重要だと考えられています。お互いのラポールがなければ、採用も育成もうまくいきづらいというわけです。その意味で、人づて採用は、<u>ラポール形成という課題をクリアするすばらしい方法</u>だと言えるでしょう。

「芋づる式離職」のリスクにも要注意

　このように、一見いいことずくめの人づて採用ですが、もちろんメリットばかりではありません。この採用手法は友人・知人のネットワークをベースに成り立っているため、ひとたび職場や店長に対する評価が下落し不満が蓄積すれば、複数のスタッフがまとめて離職してしまうケースがあるのです。

　人的ネットワークの中心となっていたAさんが辞めたことで、Bさん、Cさん、Dさんも連れ立って辞めてしまい、いきなり店長が窮地に立たされる——そんな**芋づる式離職**のリスクは念頭に置いておく必要があるでしょう。

　また、「スタッフの紹介だから…」といって、あまり深く考えずやみくもに人を採りすぎた結果、店長の言うことを聞かないスタッフが増えてしまい、職場が回らなくなったという例もあるようです。人のネットワークはあくまでもきっかけで、やはり最終的な採用の可否は、店長が自らの目で判断していくべきでしょう。その際には、やはり「誰から紹介された人な

のか」が大きな判断基準になると思います。

「人づて採用」にも「職場づくり」が効く

　以上の内容を読んで、「よし、明日もう一度、バイトの〇〇君に『いい人』がいないか聞いてみよう！」と思った方もいるかもしれません。アクションを起こすことはすばらしいですが、そこで何より注意しないといけないのは、「そもそも『友人・知人にすすめたい』と思ってもらえるような職場をつくれているか」でしょう。さもないと、冒頭のダイアローグのようなことになりかねません。

　あるいは、「以前からみんなに『いい人を紹介して』と言っているのに、一向に誰も連れてこない…」と嘆いている店長は、もう一度考えてみてください。あなたがスタッフだったら、友人・知人にその職場を紹介したいと思いますか？

　つまり、人づて採用の基本もやはり「職場づくり」なのです。スタッフが他人に紹介したくなるような職場がつくれていて初めて、芋づる式に採用の輪が広がる好循環が生まれます。

　先ほど紹介した「歴代の大学サークルメンバーが働く飲食店」も、実際に伺ってお話を聞いてみると、店長さんが学生アルバイトたちから厚い信頼を得ている雰囲気がひしひしと伝わってきました。「この店長がいる店なら、かわいい後輩たちにも自信を持ってすすめられる」――そんな実感があるからこそ、先輩から後輩へとバトンが渡り続けているのでしょう。

「人にすすめたくなる職場」の特徴は？

　では、人手に困らない「人にすすめたくなる職場」には、どんな特徴があるのでしょうか？　これについての調査では、図表25のような結果が得られました。

図表25　職場の推薦意向を左右する特徴

推薦意向にプラスに働く要因（紹介したくなる職場）

順位	特徴
1位	研修・教育がしっかりしている
2位	上司からの注意や叱り方に納得できる
3位	長期的なキャリアについて上司と話す機会がある

推薦意向にマイナスに働く要因（紹介したくない職場）

順位	特徴
1位	面接時の説明と仕事の量が違う
2位	入社前のイメージよりも、仕事の量が多い
3位	休み（休暇）がとりにくい

注：重回帰分析による標準化回帰係数の値のうち上位／下位を抜粋して掲載。各項目はすべて1％水準で統計的有意。
統制変数は性別・企業をダミー化して投入
出所：中原淳・パーソル総合研究所（2016）「アルバイト・パートの採用・育成に関する実態調査（スタッフ編）」

　ここから浮かび上がってくるのは、時に厳しく叱ったりしながらも、スタッフをしっかりと育てようとしている店長がいて、研修・教育も整っていて、長期にわたって安心して働ける職場の姿です。つまり、個人としての成長の機会がしっかりと用意されており、自分自身が「これからもここで働き続けたい」と思える職場ほど、人にすすめたくなるということです。

　これは当たり前といえば当たり前ですが、意外といえば意外な結果です。求人広告などでは「アットホームな職場です。楽しい仲間たちと一緒に働きませんか？」などといった謳い文句が多用される傾向がありますが、職場を友人・知人にすすめるかどうかを判断するときには、こうした「仲良しグループ」的なノリはさほど考慮されていないことが見て取れます。「職場の人間関係への満足度」よりも「仕事内容への満足度」が、友人紹介のモチベーションを左右するというのは、意識しておいたほうがいいポイントでしょう。

POINT
- □「紹介採用」のほうが採用効率は高い
- □「職場づくり」が最大の「人づて採用」対策になる
- □「ここで働き続けたい」と思える職場ほど、人にすすめたくなる

TOPIC 06
アルバイトの「内定辞退」を防ぐには?

面接は「店長の対応」が9割

> **DIALOGUE**
>
> 👤「店長、こないだ内定を出した新人さんからお電話ですよ」
> 👤「はい、もしもし…えっ、そうなの? うん、それでは…(ガチャ)」
> 👤「あれ? 何の話だったんですか?」
> 👤「隣のファミレスから内定が出たから、ウチのバイトを辞退したいって…」

最近では「アルバイトの内定辞退」という事態さえ起こるようになってきた。面接をして、後日内定の連絡をすると、「別のところに決まったので…」と、辞退されてしまうケースもあるようだ。アルバイトの内定辞退はなぜ起こるのか?

4人に1人? 増えるアルバイトの内定辞退

面接をしたところ、「ぜひ働いてほしい!」と思える人だったので、電話して採用を伝えたのに、後日「ほかの店に決まってしまった」と断られてしまう——。昨今ではこんな**アルバイトの内定辞退**も珍しくないようです。内定辞退といえば、正社員の新卒採用などで起こるものというイメージが一般的でしたが、人手不足が深刻化してきたいま、とうとうアルバイト領域でもかなり普通に見られるようになってきています。

図表26　同時に何件のアルバイト求人に応募しているか？

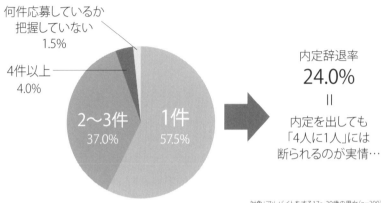

対象：アルバイトをする17〜39歳の男女(n=200)
出所：アルバイト採用担当者向けメディア「anレポート」(2015)より作成

　これは調査データにも明確に表れています。面接担当者に聞いたところ、アルバイトの内定辞退率は24％にも上りました（図表26）。つまり、忙しい時間を割いて面接をして、「これは！」と思う人に内定を出しても、なんと4人に1人は辞退されてしまうという計算になります。

　なぜここまでアルバイトの内定辞退が増えているのでしょうか？　一因として考えられるのは、**複数同時応募**の増加です。図表26の調査データにあるとおり、なんと求職者の4割以上が2企業以上に同時応募していました。
　昨今は求人の数・種類も豊富なうえ、スマホなどで簡単にエントリーできる求人サイトも増えていることもあり、以前よりも応募のハードルが低くなっています。その結果、求職者は、複数の職場に応募したうえで、職場の値打ち・魅力を〝比較検討〟するという行動をとるようになっています。
　では、内定辞退はどうすれば防ぐことができるのでしょうか？　効果的な方法を考えていく前に、次ページのチェックリストをやってみてください。

アルバイト面接
セルフチェックシート

NO	項目	チェック
1	応募者の面接前、スタッフに丁寧な応対をするよう指導している	←該当しない　該当する→
2	面接では、仕事のやりがい・魅力を伝えている	
3	面接では、どんなスタッフがいるかを伝えている	
4	面接では、仕事の忙しさを伝えている	
5	面接では、仕事の厳しさを伝えている	
6	面接では、具体的な仕事内容を伝えている	
7	面接では、職場の課題や懸念点を伝えている	
8	面接では、会社や職場の目標や理念を伝えている	
9	面接する場所はきれいに整理整頓されている	
10	面接では、希望する勤務時間をしっかり聞いている	
11	面接では、希望する仕事内容をしっかり聞いている	
12	面接では、希望する待遇・給与をしっかり聞いている	
13	面接開始時間には遅れないようにしている	
14	合否連絡のスケジュールは正確に伝えている	

チェック後、「ここで働いてみたい」と思ってもらうために
大切にしたい行動「上位3つ」はどれかを考えてみましょう
（→83ページ・図表34参照）

TOPIC 06　アルバイトの「内定辞退」を防ぐには？

「誤解を生む求人」を出さない

　では、実際に面接も受け、採用の連絡をもらった人は、いったいどんな理由で辞退しているのでしょうか？　「an」の調査にはこんなデータがあります（図表27）。

　見てのとおり、上位に来ているのは、仕事の条件や内容に関わるものです。1位の「もっと条件のいい別の仕事があった」といった理由については、現場レベルではいかんともしがたい部分もあるかもしれません。ですから、何かアクションを起こすとすれば、店長として改善の余地があるその他の部分にフォーカスすべきでしょう。

　たとえば、「仕事内容が事前の情報やイメージと食い違っていたこと」が、2・3位の理由に上がっています。これは「面接をする前」と「面接をしたあと」でのギャップが、求職者に不信感を生むからでしょう。

　応募者の数を少しでも増やすために、不都合な条件を書かないようにしたり、あいまいな表現にしたりするのは、かえって逆効果です。いずれ面接時や雇用後にわかってしまうことは、最初からはっきりさせておくべきでしょう。そうした〝ギャップ〟は求職者やスタッフの信頼を損ない、内定辞退や早期離職といった事態につながります。それによって、最も不利益を被るのは店長自身なのだということを忘れてはなりません。

面接時に「ここ、ヤバいかも…」と思われるポイント

　さらに注目したいのは、その次に多い辞退理由「職場・店長・社員・面接者の雰囲気が悪かった」（4位）、「別の仕事のほうが、雰囲気がよかった」（5位）です。ほとんどの内定辞退は、後日の電話連絡やドタキャンで明らかになるケースがほとんどです。しかし、じつは多くの求職者はその場で口に出すことはないにしても、面接で職場を訪れている最中に「（ここで働くのはやめておこう…）」と判断しているのかもしれません。

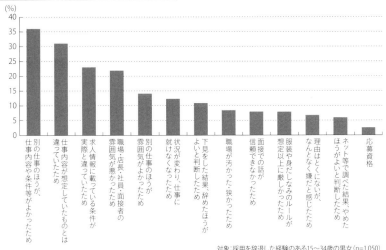

図表27　内定を辞退した理由

対象：採用を辞退した経験のある15～34歳の男女（n=1,050）
出所：アルバイト採用担当者向けメディア「anレポート」(2013)より作成

　先ほど、外食・小売では約半数の応募者が事前に下見に来ているというデータを確認しました。これは裏を返せば、残りの半数にとっては「面接こそが初めての下見の機会である」ということです。容易に下見がしづらい非店舗型の職場であれば、面接時の印象はなおさら大きなウエイトを占めることになるでしょう。
▶TOPIC 03／44ページ

　実際、応募者は職場の雰囲気やスタッフ間のコミュニケーションの様子、清掃が行き届いているかなどを細かくチェックしています。「an」の調査の「面接のとき、『この職場大丈夫かな？』と気になってしまうのは？」という質問では、次ページの図表28のような結果が出ています。

　これらの点は、店長の努力次第でどれだけでも改善できるポイントです。「面接中に怒号が聞こえる」というのは論外ですが、清掃などは明日からでも実践できるはずです。店内だけでなく、バックヤードやトイレが汚いのも、心象としてはかなりのマイナスポイントです。

　また、標語やノルマが壁にたくさん貼ってあると、「いかにも厳しそうな職場」という印象を与え、応募者を尻込みさせてしまうようです。

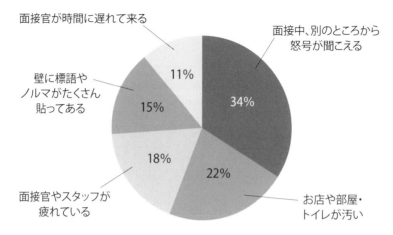

図表28　面接のときに求職者に不安を与える要因

対象：アルバイトをする全国の男女(n=200)
出所：アルバイト採用担当者向けメディア「anレポート」(2013)より作成

「ふだん見えないところ」を整える

　応募者はちょっとしたコミュニケーションや掲示物・置物など、ふだん顧客としては見えてこない情報から、少しでも多くのことを読み取ろうとしています。すでに働いている人からすれば"当たり前の風景"になっていても、それが応募者にとっては"強烈なメッセージ"になりかねないのです。

　あるファミレスのアルバイト応募者は、面接のときに目にした光景にひどくショックを受けたと語っていました。顧客として抱いていたオシャレできれいな店舗のイメージと、面接のときに見たバックヤードやキッチンのあまりの乱雑ぶりとのあいだに、大きなギャップを感じたからです。

　このようにして内定辞退者を出してしまうことを、店長は深刻に受け止めるべきです。なぜなら、これはアルバイト人材を1人採り損ねただけでなく、1人の顧客の信頼を失ったことをも意味しているかもしれないからです。

場合によっては、そこから職場の悪評が広がる可能性すらあります。

面接とは、日頃お客様には見られない〝内幕〟を外部の人にさらす機会でもあります。そのようなリスクも踏まえ、面接時の環境整備を心がけるべきでしょう。

採用活動に「リクルーター」が占める役割は大きい

そして、やはり重要なのが「面接者」の印象です。アルバイトを本部で一括採用している企業もあるでしょうが、そうでない職場では店長が面接者を務めているケースがほとんどでしょう。採用の段階において、面接者の存在が大きなウエイトを占めていることは、過去のリクルーティング研究でもわかっています。

リクルーティング研究における重要分野の1つとして**リクルーター研究**というものがあります。これは、**リクルーター**、つまり採用担当者の仕事の仕方・態度・情報の伝え方などが、企業の採用活動にどのような影響を与えるかを解明する研究です。

正社員・アルバイトにかかわらず、求職者にとってリクルーターは〝最初に出会う社員〟です。求職者はこの人を通じてその企業の全貌をイメージしようとしますから、リクルーターの印象が入社するかどうかの意思決定を大きく左右することになります。

求職者がいちばん最初に出会う人というのは、どうしても、その組織の**シグナル**となります。実際はそこで出会った人が必ずしも組織の構成員を象徴するような多数派であるとは限りませんし、共通の要素を持っているわけでもないのですが、どうしても求職者はその人物の人柄を通じて組織を見ようとするものなのです。

しかも正社員であれば、入社後にリクルーターと一緒の部署で働くことになるかどうかはわかりませんが、アルバイトの場合は確実にそのリクルーター（＝店長）の下で働くことがわかっています。となると、店長が面

図表29　求職者が評価する面接者の特徴

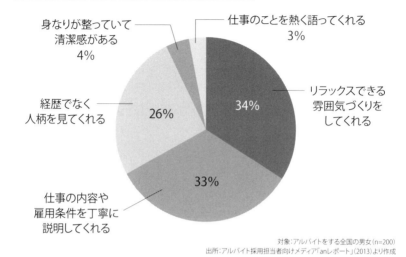

対象：アルバイトをする全国の男女（n=200）
出所：アルバイト採用担当者向けメディア「anレポート」（2013）より作成

接時にどのような印象を持たれるかというのは、やはり圧倒的に重要なのです。

店長は求職者に「見られている」

　店長は面接を「する側」であると同時に、「される側」でもあります。つまり、「選ぶ側」でもあり「選ばれる側」でもあるということです。複数の職場に応募している求職者が多い時代ですから、「この店長はあの店長よりも面接の応対が雑だな」「あの店長のほうが説明がわかりやすかったな」などという具合に〝比較〟される可能性すらあるのです。
　では、面接のときにどのような応対をすれば、好印象を持ってもらえるのでしょうか？　「面接のとき『こんな面接者だったらうれしい』と思うのは？」という質問に対する回答データをまとめました（図表29）。
　アルバイトとして働いてみたくなる面接のポイントは3つ。「リラックスできる雰囲気」「説明の丁寧さ」「人柄を見ようとする態度」です。

雰囲気づくりについて言えば、面接の場所を工夫するなども1つでしょう。ある店長さんは、アルバイトの面接をするときに、慌ただしい店舗内の控え室ではなく、近くの落ち着いたカフェに移動するようにしているそうです。

　説明の丁寧さについてはあとで詳しく見ますが、仕事の全体像をなるべく現実に沿ったかたちで伝えるということが、その後の離職を防止するという観点からも、非常に重要です。

　また、経歴や条件ばかり尋ねるのではなく、その人がどんな人なのかに興味を持つことも大切です。履歴書を見てとおりいっぺんの質問をするだけではなく、相手の顔を見ながら、趣味や関心事などの価値観にも目を向けるようにしましょう。一見必要のない情報であっても、「あなたに興味を持っています」という態度を示すことは、相手への印象を大きく左右します。

> **POINT**
> ☐ 4人に1人が内定辞退している
> ☐ 面接は最大の下見。職場は隅々まできれいにする
> ☐ 店長は見られている。「選ばれる」ような応対をこころがける

TOPIC 07
アルバイトの「面接辞退」を防ぐには？

「応募へのレスポンス」がその後を決める

> **DIALOGUE**
>
> 👤「えっ、また内定出した人に断られたんですか!?　どうして??」
> 👤「うん、面接のときに僕が20分くらい待たせたのがダメだったんだって…。こっちだって忙しいのにね〜」
> 👤「でも店長、こないだ10分遅刻してきた応募者さんを『やる気が感じられない！』って落としてましたよね？」
> 👤「う…（な、何も言えない）」

　最近ではアルバイトの「内定辞退」どころか、面接にすら来ない「面接辞退」も増えている。ここには、本来なら防げたはずの機会損失が含まれているかもしれない。この点を解決するために、「応募へのレスポンス」や「受け入れ態勢の整備」について見ておこう。

応募連絡が入ったときから勝負ははじまっている

　前項では「アルバイトの内定辞退」を扱いましたが、なかには「内定辞退ならまだマシだよ」という声もあるかもしれません。というのも、面接をして内定を出す以前に、「面接すらドタキャンされるケース」も少なくないからです。実際、今回の調査過程でも、人手不足に悩む店長や採用担当者からは、そうした体験談が聞こえてきました。

図表30　面接に行かないと決めたタイミング

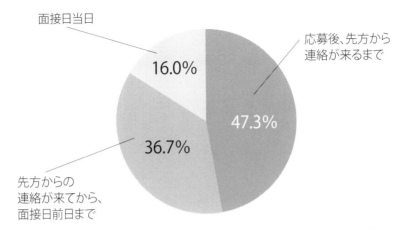

対象:16〜59歳の面接辞退経験者(n=237)、内定辞退経験者(n=200)
出所:アルバイト採用担当者向けメディア「anレポート」(2010)より作成

　もちろん、「連絡もなしに面接をすっぽかす人を採る意味があるのか」という議論はありますが、そもそも、多くの人がせっかく応募しておきながら**面接辞退**をしてしまうのはなぜなのでしょうか？「アルバイトの採用面接に行かなかった人」を対象にしたデータを見てみましょう（図表30）。
　興味深いのは、なんと半数近く（47.3%）が「応募後、先方から連絡が来るまで」に「面接に行かない」と決めている点です。つまり、電話やウェブでエントリーしたあと、職場や企業からの**折り返し連絡**を待っているときに「面接に行くのをやめよう！」と決めているわけです。

最初はとにかくスピードが肝心

　そこにはどんな理由があるのか？　それを聞いた結果が、次ページの図表31です。
　ここからわかるとおり、「その会社・お店からの応募後の対応が悪かった」「すぐに面接の連絡が来なかった」など、職場側の「対応」が面接に行

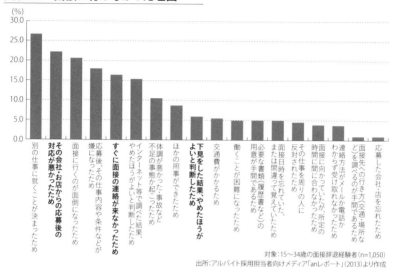

図表31　面接に行かなかった理由

対象：15〜34歳の面接辞退経験者（n=1,050）
出所：アルバイト採用担当者向けメディア「anレポート」（2013）より作成

かなかった理由にあがっています。

　若い世代には電話に苦手意識を持つ人も増えており、ウェブで応募するケースも増えています。

　ウェブ経由でのエントリーを受け付けるようにすれば、応募者側も気軽に応募できますし、仕事中の忙しい時間帯に電話応対する手間も省けます。ただし、その分、求職者からはリアルタイムに近いレスポンスが要求されるようになることも忘れないようにしましょう。

　せっかく応募したのにすぐに折り返し連絡が入らないと、「この職場は大丈夫だろうか…」と不安に感じる人も増えているようです。さらに、かなりの割合の人が複数のアルバイト先を同時に検討していることを考えると、いち早く「感じのいい返答」があったところに決めてしまう可能性は十分にあります。

図表32　WEB応募に対する「折り返し連絡」を希望するタイミング

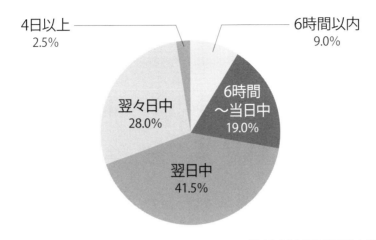

対象：アルバイトをする17〜39歳の男女（n=200）
出所：アルバイト採用担当者向けメディア「anレポート」（2013）より作成

応募連絡への対応は遅くとも「翌日中」に

　では、応募後どれくらいのタイミングで「折り返し連絡」を入れることが期待されているのでしょうか？　図表32を見てください。「当日」の連絡を求めている人が28.0％、「翌日中」と答えている人は41.5％で、かなりの割合の人が素早い折り返し連絡を求めていることがわかります。月曜日にエントリーの連絡をしたのに、水曜日まで何も返事がなければ、求職者の7割程度は「対応が遅い」という印象を持つということです。
　まずは「善は急げ！」です。面接の前までに店長にできる最善の方策は、一刻も早く応募者に折り返し連絡を入れること。大手企業では、専用のコールセンターを設置し、面接までのタイムスパンをできる限り短くする施策を取っているところもあります。あなたの職場では、どのくらいのスピードで対応できているでしょうか？

「今日、新人さんの面接がある」と現場に伝えていますか？

　すでに指摘したように、面接を受けに来た応募者の意思決定には、〝職場の環境〟が大きな影響を与えます。ここで言う環境というのは、整理整頓や清掃といったものだけではありません。職場のスタッフに対する意識づけも環境整備の1つのポイントだと言えます。

▶TOPIC 06／68ページ

　先ほど「面接では、求職者から店長は〝見られている〟」と書きました。同様に、求職者は職場のスタッフたちのこともよく見ているのです。店長としては、スタッフに「自分たちも見られているのだ」という認識を持たせることが重要です。

　アルバイトの面接に行ったSさんという方から聞いた話です。Sさんがお店にいたスタッフの方に「店長さんに面接のアポイントがあるのですが…」と伝えたところ、そのスタッフがこう言って店長を呼び出しました。

　「店長、なんか『バイトの面接だ』っていう人が来ていますよ〜」

　Sさんは、この「なんか」というひと言を聞いたとき、思わず脱力してしまったそうです。そして、決してこれだけが原因ではないものの、最終的にはこの職場で働くことを自分から断ってしまったといいます。

　これ以外にも、求人広告を出しているのを現場のスタッフが知らなかったために、応募の電話が突然かかってきても、きちんとした電話応対ができないというケースもよくあります。これも応募した側からすれば、大幅なイメージダウンでしょう。
　「いちいちアルバイトの面接について、現場に情報共有している暇なんかないよ」とお思いでしょうか？　しかし、たったこれだけのことで、アルバイトを1人採用できるかどうかが変わってしまう時代なのだとも言えるのではないでしょうか？　こうしたこまやかな点にまで気を配れるかどうか

が、店長としての今後の生き残りを左右していくように思います。

「受け入れ」のスタートダッシュは面接次第

　これは正社員・アルバイトに限らない話ですが、新しい人材が入社したときには必ず**受け入れ**のステップというものが存在します。新人がその職場になじんでいくプロセスと言ってもいいでしょう。職場の管理者としては、なるべく早く新人に溶け込んでもらい、パフォーマンスを上げてもらいたいものです。

　この新人受け入れのステップは、次の第3章で詳しく扱うテーマではありますが、見方によっては面接段階ですでに受け入れがはじまっているとも言えます。

　都内の外食チェーンで活躍する店長Kさんは、アルバイトの採用面接をあえてスタッフたちが休憩しているバックヤードで行うようにしているといいます。つまり、面接をしている最中も、Kさんの真横でほかのアルバイトが楽しげに雑談をしていたりするわけです。言葉で「楽しい職場ですよ」とアピールするよりも、この「環境に語らせる手法」のほうがよっぽど説得力がありますよね。

　面接中に「(この人は採用しよう。でも人見知りしそうなタイプだな)」と感じたら、Kさんはその場でほかのスタッフにも紹介してしまい、働きはじめてもすぐに溶け込めるような空気をつくっているとも言っていました。

　冒頭のダイアローグのように、店長が忙しすぎるせいで、指定時刻になっても面接がなかなかはじめられないというケースも絶対に避けるべきです。時間どおりに面接に来たのに、長時間待たされた応募者は、「この職場は自分を受け入れる態勢が整っていない」という印象を受けるでしょう。

　あとで見るとおり、「店長が面接に遅れてやってきた」というのは、かな

りマイナスの印象を与え、入社後の早期離職にも影響することがわかっています。いい人材が来てくれたときのためにも、採用プロセスのあらゆる面で「受け入れ態勢」を整えておくようにしましょう。

　新人の受け入れは、勤務初日の時点ではなく、すでに面接の時点で（あるいはもっと言えば「応募への折り返し連絡」の時点で）はじまっているのです。

> POINT
> ☐求人への応募にはなるべく早く（遅くとも翌日中に）レスポンスする
> ☐求人を出していることを現場にも情報共有しておく
> ☐面接の時刻を守るなど、受け入れ態勢が整っていることを示す

TOPIC 08
「ここで働きたい!」と思わせる面接とは?

「給料以外の価値」を明示する

> **DIALOGUE**
>
> 👤「さあ、そろそろ忙しくなるよ。金曜夜のシフトは大変だからね〜」
> 👤「え、そうなんですか? 聞いてないんですけど…」
> 👤「おいおい、採用面接でも『金曜は忙しい』って説明したよ!」
> 👤「知りません! 店長が〝伝えたつもり〟になってるだけじゃないですか?」

アルバイト応募者の適性を見たり、条件をすり合わせたりするだけで、面接を終わらせていないだろうか? 店長とスタッフがじっくり一対一で向き合える採用面接の場は、店長が大切にしている価値観を確実に伝え、最高のモチベーションを持って働きはじめてもらうための「育成のステップ」でもある。

面接も「アルバイト育成」の重要ステップ

　前項の最後で「採用プロセスは『新人受け入れ』としての意味も持つ」という話をしました。これは「面接・内定の辞退を防ぐ」ためだけではありません。優秀な店長は、面接が「採用後の育成」にも大きな影響を与えることを自覚し、面接の段階でその人材のモチベーションを引き出そうとしています。

図表33　アルバイトを探している理由・目的

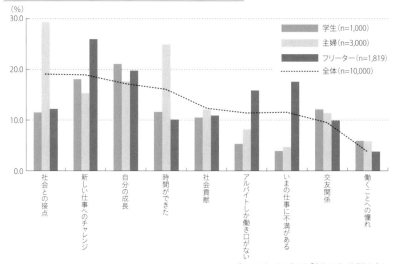

注：フリーターは34歳以下。「全体」はその他属性を含む
出所：中原淳・パーソル総合研究所（2015）「アルバイト・パートの採用・育成に関する実態調査（求職者編）」

　そのときのポイントが以前に確認した**応募者のニーズ**です。面接で重要
▶TOPIC 04／48ページ
なのは、時給や勤務時間などの条件面のすり合わせだけではありません。それ以外の面で、その人がどんなことを求めているかを探り、「この職場なら希望が叶えられそうだ」という期待感を持ってもらえれば言うことはありません。

　応募者それぞれにさまざまなニーズがあるのはたしかだとしても、属性ごとにどんな傾向があるのでしょうか？　図表33が調査結果です。「収入」以外の上位を並べてあります。

　属性別に見ると、仕事を通じた自己成長を期待しつつ、交友関係を広げたいという希望を持っている学生、家庭を大切にしつつ、社会との接点をほしがっている主婦、新しい仕事にチャレンジするなど、仕事におけるスキルアップ・能力向上を意識しているフリーターといったところでしょうか。こちらも参考にしながら、「応募者がこの職場に何を期待しているのか」を考えてみましょう。

図表34　モチベーションを高める面接の特徴

順位	特徴	相関係数
1位	仕事のやりがい・魅力がわかった	.653
2位	自分の希望する仕事内容をしっかり聞いてもらえた	.511
3位	具体的な仕事内容が理解できた	.505
4位	会社や職場の目標・理念がわかった	.497
5位	自分の希望する待遇・給与をしっかり聞いてもらえた	.481
6位	スタッフの対応が丁寧だった	.461
7位	仕事の忙しさが理解できた	.457
8位	仕事の厳しさが理解できた	.455
9位	どんなスタッフがいるのかが理解できた	.442
10位	職場の課題や懸念点がわかった	.422

注：回答「働きたい気持ちが高まった」との相関。数値はすべて1％水準で有意
出所：中原淳・パーソル総合研究所（2016）「アルバイト・パートの採用・育成に関する実態調査（スタッフ編）」

「お金以外に得られるものがありそう」と感じてもらう

　では、逆にこちらからはどんなことを伝えれば、応募者のやる気を引き出すことができるでしょうか？　これについては興味深いデータが出ています（図表34）。

　見てのとおり、「仕事のやりがいや魅力」（1位）や「会社や職場の目標・理念」（4位）の伝達が、モチベーション向上に効果を発揮しています。つまり面接者（店長）自身が、自分たちの仕事にはどんな意味があるのか、どんなところにやりがいを感じているのか、職場全体として何を目指しているのかといったことを、しっかり説明するということです。

　ある居酒屋チェーンでは、面接時に条件を伝える際に、「時給はなるべく上げていきたいが、最高でもこの金額までしか上げられません」とはっきり伝えているそうです。そのうえで「だからこそ、あなたには『給料以外のもの』を持って帰っていただけるように、店長として最大限に努力する」

と約束するといいます。

　このひと言があると、新人ははじめから「『給料以外の何か』もこの店で得たい」というマインドで仕事に向き合えるようになります。もちろん、アルバイトは時給が上がることを望んでいるでしょうし、企業としてもその実現のために最善を尽くすべきです。ただ、スタッフに時給以外の価値にも目を向けてもらい、やりがいを感じながら働いてもらうためには、この居酒屋の伝え方はとても効果的ではないかと思います。

　これを機にぜひ店長としても、「この職場が給料以外に何を提供できるのか」を整理してみてください。「ここでの経験を就活でアピールして、内定を勝ち取った先輩学生バイトがいる」とか「主婦仲間の輪が広がって、サークル活動もはじまった」とか、どんなことでもいいと思います。

「伝えたつもり」になっていないか？

「仕事のやりがいや理念も伝えているが、それに意味があるとは思えない」という店長もいるかもしれません。たしかに面接の段階で、こうしたことを言葉で伝えるのは難しいと思います。ここで注意したいことが2つあります。

　① 〝伝えたつもり〟になっていないか
　② 「やりがいを伝える」の意味を履き違えていないか

　1つめの「伝えたつもりになっていないか」とは、まさに文字どおりの意味です。「やりがい」や「理念」に限らず、そもそも応募者にこちらのメッセージが届いていないという可能性がないか、もう一度考えていただきたいのです。図表35のデータをご覧ください。

　見てのとおり、面接で伝える側（店長）と伝えられる側（応募者）とのあいだには**認識ギャップ**が存在します。

図表35 面接で伝えるべきことに対する認識ギャップ

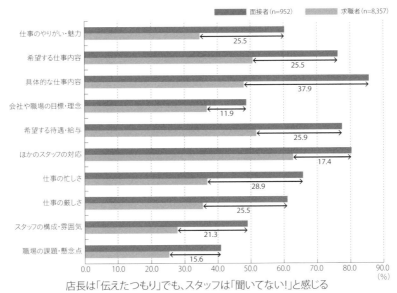

店長は「伝えたつもり」でも、スタッフは「聞いてない!」と感じる

出所:中原淳・パーソル総合研究所(2016)「アルバイト・パートの採用・育成に関する実態調査(スタッフ編&面接者編)」

　仕事内容、シフト、時給や交通費など勤務条件から、試用期間や研修、職場の雰囲気やほかのスタッフのことなど、ただでさえ伝えることが多い採用面接です。抜けもれが出ないよう、マニュアルが用意されている企業もあると思いますが、そのあたりがしっかり整備されていない場合は、「面接で伝えるべきことリスト」を店長自ら作成するようにしましょう。
　また、スタッフがあとから復習できるように、大切なこと・どうしても伝えたいことは紙の文書にして手渡すのもオススメです。

「やりがいを伝える」=「熱い想いをぶつける」ではない

　2つめの注意点は、「やりがい」を伝えることと、店長が仕事に対して抱いている「情熱」や「思いの丈」をぶつけることは、似て非なるものであるということです。

某ファミレスの面接を受けた学生のＦさんは、店長さんにいたく気に入られ、「この職場で君を一人前のアルバイトに育ててみせる！」と熱く語られたといいます。日頃から誇りを持って働いている店長さんとしては、よかれと思ってのことだったのでしょう。しかし、Ｆさんは逆に、「自分はこの仕事に対してそこまで熱くはなれない…」という気持ちになり、後日、内定を辞退してしまったそうです。

　こうした例からもわかるとおり、ここで言う「やりがい」とは、「店長が感じているやりがい」ではありません。一方的に店長の価値観を押しつけるのは、むしろ逆効果だと思ったほうがいいでしょう。
　では、「面接で伝えるべきやりがい」とは何なのでしょうか？　どんな伝え方をすれば、「魅力的な職場だな」と思ってもらえるのでしょうか？
　最も大切なことは、これには「決まった答え」がないということです。つまり、それぞれの求職者は「それぞれのニーズ」を持って、採用に応募し面接に出向いています。
「何か貴重な経験をしたい」と思っているフリーターには、この仕事がいかに特別なのかを伝えるのが効果的ですし、「友人や仲間がほしい」という思いを持っている主婦の方であれば、仕事を通じて横のつながりも生まれているといった話をすべきでしょう。学生であれば「ここでのキャリアをアピールして就活に成功した先輩がいる」といったエピソードが喜ばれるかもしれません。
　求職者のニーズと職場が提供できる価値とのマッチングがうまくいったときに初めて、求職者は「（ここで仕事をする意味がありそうだな）」とまさにやりがいを感じるわけです。

職場のアピールポイントの「引き出し」を整理しておく

「そうは言っても…求職者のニーズを知る方法なんて見当もつかない」とお思いでしょうか？　じつはとても単純なことです。面接中にこちらから

図表36 ニーズに応える「引き出し」を用意する

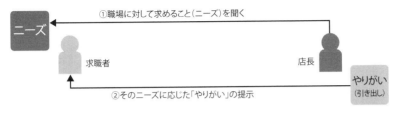

ニーズ例	伝えることの例
貴重な体験が得られること	「海外からのお客さんも来るので、英会話のトレーニングになります」 「有名人が来店したりもします」
福利厚生・まかない・社内割引	「アルバイト用の特別まかないメニューがあります」 「長く勤めると有休がつきます」
中長期的なキャリアが開けること	「社員登用の制度もあります」 「就職活動のときにアピールできます」
お客さんとのコミュニケーション	「お客さんがよく『ありがとう』って言ってくれます」 「地域密着型のお店で落ち着いて働けます」
仲間・友人ができること	「横のつながりが強くて、一緒にキャンプにも行きました」 「○○大学の人はほかにもたくさんいます」
体が動かせること	「仕事をしているだけでけっこう筋肉がつきます」 「健康にいいですよ」

「聞く」、ただそれだけです。優秀な店長はこの点を意識してヒアリングをしています。図表34のデータを見ても、「やりたい仕事内容をしっかり聞いてもらえた」という実感が、モチベーションに大きく影響しています。

つまり、「面接でやりがいを伝える」とは、①求職者の求めるもの（興味・関心）を聞いたうえで、②職場がそれにどう応えていけるかをアピールすることにほかなりません。これを踏まえるなら、店長としては、聞き出した多様なニーズに応えられるだけの、多様なアピールポイントの"引き出し"を用意しておくことが望ましいでしょう。図表36にその例をあげておきましたので、ぜひこれも参考にしながら、あなたの職場がスタッフに提供できる価値（できればお金以外にも）をリストアップしてみてください。

POINT
- 面接では「給与以外のニーズ」を探ることを意識する
- 面接で仕事のやりがい・魅力を伝え、働きたい気持ちを高める
- 「面接で伝えたことは半分しか伝わらない」つもりで丁寧に伝える

第2章のまとめ

Q. 募集広告を出しても、なぜ応募者が来ない?

▼「イメージがよくないから」「大々的な求人広告は出せないから」と諦めていませんか? 求職者に最も影響を与える採用メディアは「職場を実際に見たときの印象」です。広告の効果を最大化するためには、「下見」を意識した「職場の整備」が欠かせません。

Q. なぜ「来てほしい人材」が集まらないのか?

▼ほしいスタッフのイメージがある程度はっきりしている場合は、そうした人材の「ニーズ」に応えられるような求人を打っていく必要があります。スタッフの属性ごとに特徴は見られますが、近年は総じて「職場の雰囲気」を重視する傾向が高まっています。

Q.「友人紹介」を増やすには?

▼コスト面や定着率、人材のクオリティ確保を考えると、「人づて採用」がベストです。スタッフ自身が今後も働きたいと思えて、人にもすすめたくなるような職場をつくる試みが欠かせません。

Q. アルバイトの「内定辞退」を防ぐには?

▼内定辞退とは、求職者が店長ないし応募先を「不採用」と判断した結果です。面接は絶好の「下見」の機会。採用面接は「選ばれるための場」であると発想を切り替えましょう。

Q. アルバイトの「面接辞退」を防ぐには?

▼面接辞退の原因は「職場からのレスポンス」にあります。応募連絡に対するすばやい返答はもちろんのことですが、スタッフたちにも求人を出していることを伝え、職場全体での受け入れ態勢を整えていく必要があります。

Q.「ここで働きたい!」と思わせる面接とは?

▼ポイントは「お金以外の価値」を伝えることです。とはいえ、店長の一方的な想いをぶつけるのではありません。その人の「ニーズ」を面接中に探り、この職場がそれに応えられると思ってもらう必要があります。

[COLUMN]
意外な盲点!? 交通費問題

　アルバイトに交通費を支給するかどうかは、法的にはとくに規定がなく、業種や地域によっても異なり、基本的にはその職場ごとの決まりとなっています。とはいえ、仕事を探すうえで「交通費が出るかどうか」を重視する求職者が多いのも事実です。とくに、アルバイト先が自宅や学校から離れた遠隔地になる場合には、この点がネックになる場合も…。そこで、交通費支給の有無を気にするのは、とくにどんな求職者なのか、調査してみました。まず性別で見ると、女性は年齢にかかわらず総じて高いのが見てとれ、男性は高齢になるほど傾向が高くなっています。地域別には、都市部に住んでいる人のほうがやや高く、いろいろなアルバイトを経験している人ほど、交通費への意識が高くなるという結果が出ました。都市部でアルバイト人材の確保が難しいエリアにあり、アルバイト経験のある女性やシニアを採用したいと考えている場合は、交通費の支給は積極的に検討するべきでしょう。

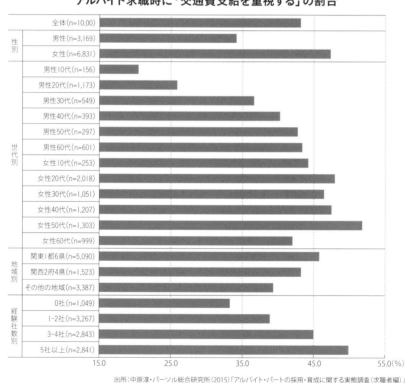

アルバイト求職時に「交通費支給を重視する」の割合

出所：中原淳・パーソル総合研究所(2015)「アルバイト・パートの採用・育成に関する実態調査(求職者編)」

第 **3** 章

「すぐ辞める」は こうして起こる

― [新 人 ス テ ー ジ] ―

「よさそうな人材を採用できたのに、1カ月もしないうちに辞めてしまった…」――そんな経験はないでしょうか？ 新人のために研修やOJTなど、せっかく教える時間を割いたのに、短期で辞められてしまうのはなぜなのでしょうか？ もちろん、人材のほうに問題があるケースもあるでしょうが、店長にもできることがあるはずです。「アルバイトの早期離職」を少しでも減らすために押さえておくべき「新人受け入れ」のポイントを見ていきましょう。

TOPIC 09
なぜ「すぐ辞めるバイト」がいるのか？

データで見るアルバイトの「早期離職」

> **DIALOGUE**
>
> 👤「あれ？ 店長、なんか暗いですけどどうかしましたか？」
> 👤「じつは、先月入った学生バイト君から『辞めたい』って電話があってね…」
> 👤「え？ 『彼は見どころがある。一人前に育ててみせる！』って意気込んでたのに…」
> 👤「僕って人を見る目がないのかなあ」

アルバイト採用後、わずか1カ月も経たないうちに辞めてしまう早期離職。これこそがまず店長として「出口対策」を考えるべきポイントだ。早期離職率が高い職場には、どのような特徴が見られるのだろうか？ また、辞める人たちにはどんな心理が働いているのだろうか？

早期離職によるロスは甚大

　アルバイトの内定辞退も困りますが、新人研修をしたり、現場での仕事をOJTで教えたりしたあとに、辞められてしまうケースのほうが店長としてはガックリくるのではないでしょうか。
　本書では採用後1カ月未満でアルバイトを辞めることを**早期離職**と定義しています。人手不足に悩まずに済むようになるためには、まずこの早期離

職を減らす必要があります。

　採用したばかりの新人は、仕事のパフォーマンスの点でも周りのスタッフに及びませんし、仕事を覚えるまでは店長や教育係が教える必要がありますから、職場全体の作業効率を一時的に低下させます。つまり、新人アルバイトは開始1カ月未満の期間だけを切り取ってみれば、1人分の働きをすることはまず期待できないのです。

　それでも新人を雇うのは、その人が次第に成長することで、職場を助けてくれる心強い仲間になってくれるからです。新人のときにみんなの足を引っ張った分、将来それを取り返してくれることを期待しているわけです。

　そう考えてみると、アルバイトの早期離職はきわめて非効率だと言えます。せっかく周囲のスタッフが新人教育の時間を割いても、その「投資」はまったくリターンを生みません。採用にかかった金銭的コスト、教育にかかった時間的コスト、そして再び起こる人手不足によるスタッフのモチベーション低下、新たな求人を出すためのコストなど、そのマイナスには計り知れないものがあります。

離職者の22％は「1カ月未満」で辞めている!?

　しかし、人手不足に悩んでいる店長ほど、早期離職の食い止めに意識が向かっていません。まずはこの〝出血〟を止めることから、すべての出口対策ははじまります。

　まずは、この早期離職の実像をつかんでおくことにしましょう。「かつてアルバイトをしていたけれど辞めてしまった」という人に、「どれくらいの期間で離職したのか？」を尋ねてみました。その結果が次ページの図表37です。

　じつに離職者全体の約22％が1カ月未満で辞めています。属性別に見ると、早期離職率がいちばん高かったのは高校生（29.3％）、いちばん低かったのは主婦（17.5％）でした。つまり、高校生バイトの3割は1カ月未満で仕事

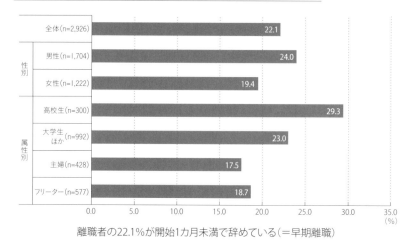

図表37　1カ月未満で離職した人の割合（性別・属性別）

離職者の22.1%が開始1カ月未満で辞めている（＝早期離職）

出所：中原淳・パーソル総合研究所（2015）「アルバイト・パートの採用・育成に関する実態調査（離職者編）」

を辞めてしまうということです。

　しかし、これだけで「学生はすぐ辞める」などと言い切ることはできません。というのも、もともと高校生は春休みや夏休みの期間限定でアルバイトをするケースが多いからです。大学生ほか（短大・大学・専門学校生など）についても同様の理由で、数字が高く出ている可能性を考慮するべきでしょう。

　そもそも、最初から「すぐ辞めることになっても仕方ない」と考えているアルバイトは多くありません。つまり、早期離職は職場にとってだけでなく、スタッフ当人にとってもハッピーとは言えない出来事なのです。

　実際、多くの人がアルバイト仕事を探すうえでは「安定して長く働き続けられそうかどうか」を重視していることがわかっています。

　図表38のデータを見てください。これは「仕事についての考え方」を調査した結果です。

　このとおり、全体としては6割以上が「1つの仕事を長く続けたい」と考えています。10代に限って言えば、経験が少ない分、「いろいろな仕事をし

図表38　「長く続ける」重視か、「いろいろ経験」重視か

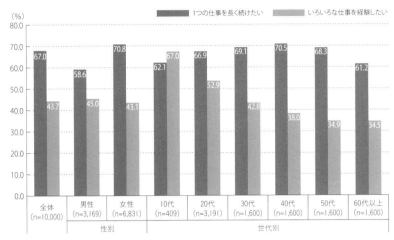

多少の差はあるが、全体としては「同じアルバイトを長く続けたい」という意識が一般的
出所：中原淳・パーソル総合研究所（2015）「アルバイト・パートの採用・育成に関する実態調査（求職者編）」

てみたい」という気持ちのほうが強く出ていますが、やはり最初からすぐ辞めるつもりでアルバイトをはじめる人は決して多くないのです。店長としても、この気持ちに「育成」で応えていかなければなりません。

　ある外食チェーンの店長のYさんは、求人の方針について「横綱以外は誰でも採用します！」という言葉を語っていました。これは「応募してくれた人は全員採用する」という意味ですが、なぜここまで大胆なことを言い切れるのでしょうか？　これに対し、Yさんはこう答えていました。

「ウチに入ったアルバイトは、全員、必ず一人前に育てる覚悟と自信があるからです」

　実際、Yさんのお店のアルバイトの定着率の高さは群を抜いていました。どんな人が応募してくるかは、店長にとってコントロールしづらい事柄ですが、入社に至ったアルバイトが長続きするかどうかは、店長の工夫次第でかなり下支えできるということでしょう。

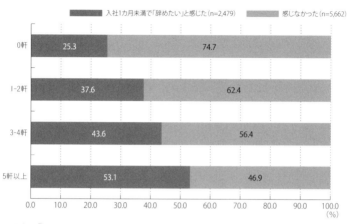

図表39　競合職場数と早期離職への意識

近隣に「別の選択肢」がある場合ほど、容易に「早く辞める」が検討される傾向

出所：中原淳・パーソル総合研究所（2016）「アルバイト・パートの採用・育成に関する実態調査（スタッフ編）」

「ほかの選択肢」があると、躊躇なく辞める

　早期離職の引き金となる要素はほかにもありそうです。辞める理由をあれこれと尋ねてみたら「じつは、近くの○○でバイトをすることになりまして…」などと言われたことはないでしょうか？

　実際、アルバイトの早期離職率は「次の職を見つけやすいかどうか」によっても左右されます。調査によると、周辺の競合するアルバイト先の数が多ければ多いほど、1カ月未満で「辞めたい」と考える人の割合も多くなっていました（図表39）。

　ここからわかるとおり、求人時点だけでなく、採用後にも、ほかの職場との競合関係は続いています。せっかく競争に打ち勝って、優秀なアルバイト人材を獲得できたとしても、新人受け入れに失敗すれば、その新人はほかの職場に流れてしまう可能性があるのです。

　データを見てわかるとおり、周囲に競合店が5軒以上ある場合は、競合店がまったくない場合（0軒）に比べて、早期に「辞めたい」と考えた人の割

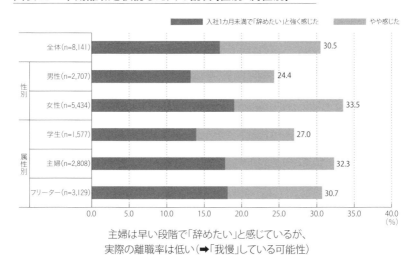

図表40　早期離職を検討した人の割合（性別・属性別）

主婦は早い段階で「辞めたい」と感じているが、
実際の離職率は低い（➡）「我慢」している可能性

出所：中原淳・パーソル総合研究所（2016）「アルバイト・パートの採用・育成に関する実態調査（スタッフ編）」

合が2倍以上になっています。アルバイト先が密集していたり、交通の便がよかったりする都心部のほうが、注意が必要だと言えるでしょう。

「すぐ辞めない＝不満がない」とは限らない!!

　このように、アルバイトが1カ月未満で早々に辞めてしまうときには、単に仕事への不満といった理由だけでなく、「次の職場を簡単に探せそうか」というような外部要因も大きく関係しています。裏を返せば、早期離職しなかったからといって、そのスタッフが不満を持っていないかというと、そんなこともないのです。この点をもう少し深掘りしてみましょう。

　先ほど図表37で見たように、1カ月未満での離職率が最も低い属性は「主婦」でした。一方、「入社1カ月未満で辞めたいと思いましたか？」という質問をすると、図表40のような結果が出ました。

　なんと、主婦は1カ月未満で辞めたいと感じている割合がいちばん高かったのです（32.3%）。ここから言えるのは、主婦はかなり早い段階で職場に

TOPIC 09　なぜ「すぐ辞めるバイト」がいるのか？

図表41　アルバイト選びにかけたい期間

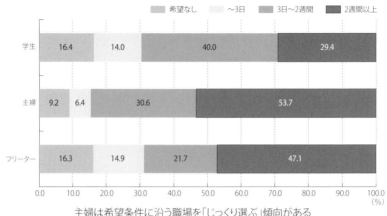

主婦は希望条件に沿う職場を「じっくり選ぶ」傾向がある
（逆に、採用後にはすぐ辞めず「我慢」している可能性）

対象：15〜34歳のアルバイト求職者（n=841）
出所：アルバイト採用担当者向けメディア「anレポート」（2012）より作成

不満を持ちながらも、辞めずに〝我慢〞する傾向があるということでしょう。

　なぜ主婦は「辞めたい」と感じながらも、実際の早期離職に至らないケースが多いのでしょうか？　そのヒントになりそうなのが、図表41のデータです。

　主婦は学生やフリーターよりも比較的長い時間をかけて仕事選びをしています。すでに見たとおり、家族を最優先する主婦は、自分の生活時間に合わせて働けることを重視しますから、通勤のしやすさや勤務時間帯など、いろいろな条件をじっくりと吟味して職探しをしています。そこでしっかりと時間をかけて選び抜いた分、多少の不満があっても、衝動的にアルバイトを辞めたりはしないのではないかと考えられます。

▶TOPIC 04／55ページ

　では、「次のアルバイト先の探しやすさ」といったこと以外に、どんな要因が早期離職を誘発しているのでしょうか？

　図表40にあったとおり、アルバイトをしている人の30.5％は、入社1カ月

未満で「辞めたい」と感じています。では、実際に辞めてしまう人と辞めずに続ける人の差というのはどこにあるのか？ このあたりを次に探っていきましょう。

> POINT
> ☐ 1カ月未満の早期離職者は離職者全体の約22%
> ☐ 全体としては「1つの仕事を長く続けたい」という傾向が強い
> ☐ 周辺の競合数が多いほど、早期離職を考える人の割合も多くなる

TOPIC 10
「話と違うので辞めます」を減らすには？

入社後の「リアリティ・ショック」を軽減するRJP

> **DIALOGUE**
>
> 👤「店長、例の新人さんが『こんなにキツいとは…』ってこぼしてましたよ」
> 👤「面接で調子のいいことばかり言いすぎたかも…」
> 👤「やっぱり！　彼、きっと『ダマされた！』って思ってますよ」
> 👤「でも『ウチはキツいよ！』って正直に言ったら、内定辞退されちゃったこともあるし…もう、いったいどうすればいいんだ！」

　早期離職してしまった人に理由を尋ねると、意外にも「面接のせいだ」という答えが返ってくる。彼らはいったいどのような不満を抱いて辞めてしまうのだろうか？　「現実的職務予告（RJP）」に関する研究なども参照しながら、早期離職の根本原因と防止策を探っていこう。

1カ月未満で辞める人は「面接がよくなかった」と答える

　引き続き、現場の戦力になる前に辞めてしまうアルバイトの早期離職の話です。なぜ採用から1カ月も経たないうちに辞めてしまう人がいるのでしょうか？　離職に至る理由は人さまざまですが、早期離職者に「辞めた理由」を尋ねてカテゴリ別にまとめて集計したところ、図表42のような結果が得られました。

図表42　早期離職の要因（カテゴリ別）

順位	要因カテゴリ	スコア
1位	面接時の対応	10.0
2位	職場の雰囲気	8.3
3位	業務の忙しさ	7.8
4位	ベテランの態度の悪さ	7.3
5位	給与への不満	6.6

意外にも、入社"後"よりも入社"前"の印象が1位

注：1カ月未満で辞めた人（n=470）を対象に、離職理由をカテゴリに分け、それぞれの加重平均でスコア化
出所：中原淳・パーソル総合研究所（2015）「アルバイト・パートの採用・育成に関する実態調査（離職者編）」

　いちばん多かったのはなんと「面接時の対応」です。入社後のことではなく、入社前に受けた印象が、早期離職の要因になっているわけですね。2位以降に続いている「雰囲気」「忙しさ」「人間関係」「条件」などへの不満はさもありなんという印象ですが、「面接時の対応」が1位に来ているのは、意外な感じがしませんか？

　面接で不満があったなら、内定を辞退すればいいはずです。にもかかわらず、入社しているというのはどういうことでしょうか？　そもそも、面接時の対応にどんな不満を抱いているのでしょうか？　この点を少し掘り下げてみたいと思います。

「リアリティ・ショック」が早期離職の主な原因!?

　上述の疑問を考えるために、今度は入社1カ月未満で辞めたいと思った（しかし、実際には辞めなかった）人に、その理由を尋ねてみました。新人アルバイトはどんなことに不満を感じるのでしょうか？　次ページに掲載した図表43を見てみましょう。

　「面接時の説明と仕事の量が違う」（1位）、「面接時の説明と仕事の内容が違う」（2位）、「入社前のイメージよりも仕事の量が多かった」（4位）、「入

図表43　新人の離職を招きやすい不満要因

順位	要因	カテゴリ	相関係数
1位	面接時の説明と仕事の量が違う	面接とのギャップ	.403
2位	面接時の説明と仕事の内容が違う	面接とのギャップ	.369
3位	仕事中にほったらかしにされることがよくあった	仕事中の放置	.364
4位	入社前のイメージよりも、仕事の量が多かった	イメージギャップ	.327
5位	入社前のイメージよりも、仕事に厳しい雰囲気の職場だった	イメージギャップ	.326
6位	休み(休暇)が取りにくい	忙しさ	.321
7位	ベテランスタッフから、高圧的な態度をとられる	人間関係	.309
8位	希望しない日・時間帯にも働くことが多い	忙しさ	.288
9位	用意されたマニュアルやツールが職場で活用されていない	その他	.275
10位	介護をすることになったとき、働き続けられるか不安	忙しさ	.262

対象:入社1年未満のスタッフ(n=2,297)
注:回答「入社1カ月未満で辞めようと思った」との相関。数値はすべて1%水準で有意
出所:中原淳・パーソル総合研究所(2016)「アルバイト・パートの採用・育成に関する実態調査(スタッフ編)」

社前のイメージよりも、仕事に厳しい雰囲気の職場だった」(5位)…これらの項目を見て、何かお気づきのことはありますか?

　そう、**ギャップ**です。「忙しいこと」「厳しいこと」そのものが原因で辞めているというよりむしろ、実際に働きはじめる前に抱いていたイメージとのギャップが引き起こす**リアリティ・ショック**が、早期離職の要因になっているらしいのです。

　「面接のやり方がまずいと内定辞退につながる」という点はすでに確認したとおりですが、どうやら面接の影響範囲はそれだけではありません。面接がうまくいっていないと、リアリティ・ショックによる早期離職をも引き起こしかねないのです。

▶TOPIC 06／68ページ

面接の成否を決める「現実的職務予告」とは?

　ここから見て取れるように、人材の採用と育成には、お互いに切り離せない部分があり、採用ステップの時点でやはりある種の育成がはじまって

いるのだとも言えます。リクルーティング研究（採用研究）の世界でも、そのあたりにまで踏み込んだ研究がなされています。

　採用にまつわる科学に関しては、すでにリクルーティング・メディア研究とリクルーター研究の2つを紹介してきましたが、最後に重要なのが**現実的職務予告**と呼ばれる行為に関する研究です。
▶TOPIC 03／43ページ

　一見難しそうな言葉ですが、元の言葉はリアリスティック・ジョブ・プレビュー（Realistic Job Preview）、つまり「仕事の内容をできる限り実像に近いかたちで〝下見〟させること」です。専門家のあいだでは頭文字を取って**RJP**などとも呼ばれています。

Wanes, J. P.(1973) Effects of a realistic job preview on job acceptance, job attitudes, and job survival. *Journal of applied psychology*. Vol.58 No.3 pp.327-332.

　求職者は自分なりに情報収集をしたうえで、新しい職場に対して何らかのイメージを持っています。それはしばしば、過剰な期待や楽観的予測に基づいた〝幻想〟を含んでいます。入社後のリアリティ・ショックは、この幻想と現実との格差によって生まれます。

　そこで、採用活動を真の成功に導くためには、リクルーター（面接者）がRJPによってその〝幻想〟をほどよく実像に近づけ、採用後の〝衝撃〟を少しでも和らげる必要があります。つまり、リクルーターには、つねに適切なRJPが求められるというわけです。

　人材面でも業績面でも安定した実績を上げている店長のOさんは、面接のときに必ず「ここで働くことについて、いまどんな想像をしていますか？」と質問するようにしているそうです。求職者が過剰な期待感を持っていないか、必要以上に心配していないかをたしかめて、面接の段階で認識のズレをなくすよう心がけているとのことでした。これも効果的なRJPのためのテクニックだと言えるでしょう。

「キツさ」を強調しすぎてもNG

　アルバイトが「面接で聞いていた話と違う！」と言ってすぐに職場を去ってしまう場合、店長（＝面接者）のRJPに不備がある可能性があります。図表42でも確認したとおり、「面接時の対応」が早期離職理由の1位になっていました。これは、採用面接が「イメージとリアルとのギャップ」を埋める機能を果たしていないことの表れでしょう。

　ただ、「あらかじめ現実を垣間見せる」といっても、その程度が大変難しいのも事実です。あまりに期待を打ち砕いてしまうと、「ここで働いてみたい」という気持ちを削いでしまいますし、あまりに〝幻想〟を放置しておけば、入社後にギャップを感じて辞めることになってしまいかねないからです。

　最も気をつけねばならないのは、人手に困って人材を獲得しようと焦るあまり、面接者が「バラ色の未来」ばかりを強調してしまうことです。これは求職者本人にとっても、職場にとってもプラスになりません。あまりに期待に胸を膨らませた状態で入社した新人は、現実に直面するたびに「ダマされた…」と感じ、店長や職場に対する信頼を失っていきます。

　一方で、「よし、今度から面接ではすべてぶっちゃけてしまおう！」と思うのも間違いです。入社後のギャップを防ぐために、面接の段階から「ウチは仕事、本当にキツいよ。覚悟してね」などとマイナス面を強調しすぎていては、採れる人材も採れません。

　過剰な幻想も過剰な不安も抱かせることなく、〝現実に見合った健全な期待〟を持ってもらうことが、採用面接の最終的なゴールです。面接者には相当なバランス感覚が求められますが、実務においてはどんなことに気をつければいいのでしょうか？　早期離職につながりづらい面接のやり方を考えていきましょう。

図表44　早期離職を食い止める面接の特徴

順位	特徴	カテゴリ
1位	仕事のやりがい・魅力がわかった	やりがい
2位	スタッフの対応が丁寧だった	スタッフ
3位	自分の希望する勤務時間をしっかり聞いてもらえた	仕事内容
4位	応対してくれた人と一緒に働きたいと思った	スタッフ
5位	具体的な仕事内容が理解できた	仕事内容
6位	どんなスタッフがいるのかが理解できた	スタッフ
7位	自分の希望する仕事内容をしっかり聞いてもらえた	仕事内容

対象：入社1年未満のスタッフ（n=2,297）
注：回答「入社1カ月未満で辞めようと思った」を従属変数とした重回帰分析による標準化回帰係数の値のうち上位を抜粋して掲載。
統制変数は性別・企業をダミー化して投入
出所：中原淳・パーソル総合研究所（2016）「アルバイト・パートの採用・育成に関する実態調査（スタッフ編）」

「リアルな期待」を生み出す面接の4ステップ

「やりがい（＝求職者のニーズに応じたアピールポイント）を伝えることが内定辞退をさせない面接のカギだ」という点はすでに確認したとおりです。早期離職を防ぐうえでも、やはり「仕事のやりがい・魅力が伝わること」が重要なのが図表44からは見て取れます。

▶TOPIC 08／85ページ

その意味では、いきなり「ありのまま」を突きつけるのではなく、まずは求職者のニーズ（相手が本当に求めているやりがい）に応えられる職場だと納得させた〝あと〟で、現実を垣間見せるという「手順」が大きな意味を持ってくるのだと言えるでしょう。

また、すでに見たように、相手のニーズを知るにはそれを「聞く」ステップが必要ですし、初対面の段階でそこまで踏み込むためには、まず面接冒頭で「信頼感」をつくっておくことが不可欠になります。

TOPIC 10　「話と違うので辞めます」を減らすには？

図表45　面接で意識するべき4つのステップ

段階	ステップ1 信頼づくり	ステップ2 ヒアリング	ステップ3 やりがいの提示	ステップ4 自己決定
目的	信頼感をつくる	相手の求めているものを探る	ヒアリング結果に応じてやりがいを打ち込む	現実を垣間見せる 条件確認 コミット度向上
具体例	①応募への感謝 ②名刺提示 ③自ら名乗る、さん付けで呼ぶ ④です・ますで喋る ⑤面接の流れを説明	「どんなきっかけで、応募なさったんですか?」 「学生生活はどうですか?」	「仲間がたくさんできますよ」 「いろいろなお客さんがいて、社会と接点ができますよ」	①「もちろん大変な仕事もありますが…」(RJP) ②やりがい再打ち込み ③条件確認 ④「どうですか? やれそうですか?」(自己決定)
求職者の心境	「丁寧だな」「悪い人じゃなさそうだな」	「ちゃんと聞いてくれるんだな」「信頼できそうだな」	「お金以外にもいろいろなものが得られそうだな」	「よし、やってみよう」

　これをまとめると、①まずヒアリングのための信頼をつくり、②信頼に基づいて相手のニーズを引き出し、③それに応えるやりがいを示したうえで、④最後にちらりとリアルな側面を見せるという4つのステップが見えてきます。

　図表45の具体例も参考にしながら、ご自身の面接を振り返り、実際の面接にも活用してみてください。

POINT
- 早期離職の原因は「入社前のイメージと現実とのギャップ」
- リアリティ・ショックを軽減するには「現実的職務予告(RJP)」がカギ
- 仕事の大変さだけを強調しても、早期離職の防止効果はあまりない
- 仕事のやりがい・魅力も伝え、「リアルな期待感」を持たせる

TOPIC 11
新人受け入れ時の「やってはいけない」とは?

アルバイトの「初期定着」をつくる仕組み

> **DIALOGUE**
>
> 🧑 「店長、あの新人の子、全然動かないんですけど!!」
> 🧑 「ああ、まだ何も仕事を教えていないから仕方ないよ」
> 🧑 「ええっ!! ほったらかしにもほどがありますよ〜」
> 🧑 「うぅ…、僕も今日は手いっぱいだったんだ」

なかなか忙しくて教育の時間がとれないアルバイトの現場。ついつい育成を後回しにして、OJTとは名ばかりの放置状態になってしまいがちだ。しかし、新人バイトに〝ほったらかし〟は禁物。新人受け入れを成功させるための、職場づくりについて見ていこう。

「ほったらかし」は絶対NG

　早期離職のいちばんの要因は「リアリティ・ショック」にあり、それを防ぐには面接時の適切な現実的職務予告（RJP）が必要だということを確認しました。とはいえ、もちろんイメージと現実のギャップだけが原因で「すぐ辞める」のかといえば、そんなことはありません。新人受け入れステージでは、そのほかにどんなことに気をつければいいでしょうか？

図表43のデータをもう一度思い出してください。「リアリティ・ショック関連」以外で早期離職と高い相関を示していたのが「仕事中にほったらかしにされること」（3位）です。
▶102ページ

せっかく新人を採用したのに、あまりにも職場が忙しいせいで、教育や指導をしないまま「放置」してしまっていませんか？ これが新人アルバイトの大きなストレスとなるのは間違いありません。

とくに入ったばかりの新人に対しては、先輩バイトや店長がつきっきりで指導できるようなシフト体制を組み、「ほったらかし」を防止するようにしましょう。マニュアルを読めばわかることでも、マニュアル任せにするのではなく、自分たちで「育成する」のだという意識で新人アルバイトに接する必要があります。

「ほったらかしOJT」の時代は終わった

かつて日本の職場の育成は、**OJT**（On-the-Job Training：実際の仕事を通じたトレーニング）が「伝家の宝刀」とされていました。新人にはとりあえず職場の雑用を任せておき、先輩の仕事ぶりを見よう見まねで学ぶうちに、やがて一人前に育っていくという考え方です。

この育成モデルの根本にあるのは、言うまでもなく「徒弟制」です。師匠と弟子のように、長い時間をかけて一人前に育てていくモデルが、かつての日本では最も支配的でした。

しかし、もはや時代は変わりました。正社員領域でも、こうした徒弟制を模した人材育成モデルは、一部の例外を除いて、うまくいかなくなってきています。

まして短期的な人材育成が求められるアルバイト・パート領域では、「背中を見て育て」「空気を読め」といった旧来型のOJTはまったく機能しません。人を育てるためには、店長が言葉を尽くさなくてはならないのです。

採用した新人には「ピープル軸の育成」を意識しよう

　育成研究では、人を育てる要素を**ピープル軸**と**経験軸**の2つから考えます。経験軸とは「人は経験によって育つ」という考え方で、OJTのベースにもある発想だと言えるでしょう。これについてはのちほど解説することにして、まず注目したいのは「人は人々によって育つ」というピープル軸のアプローチのほうです。

　人は業務経験を与えられれば、たしかに仕事ができるようになります。ただし、それだけだと、どうしても自分がいま持っている力では越えられない「壁」が出てきます。そんなときには、ほかの人からの助言や指導があったり、励まされたり叱られたりと、さまざまな支援・フィードバックを受ける機会が不可欠です。

　アルバイトの仕事、とくに新人ステージにおいては、「ピープル軸の育成」が重要です。アルバイトは、一般企業の正社員と違って、「やってもらうべき仕事」がある程度は決まっていますし、それほど気長に成長を「待っている」わけにはいきません。新人を採用したら、最初はとにかく周囲が積極的に関与して、その人材をできる限り早く「一人前」に育成することが望ましいのです。

「新人が長続きする職場」をつくる3つの施策

　では、新人の受け入れにプラスに作用する施策として、どんなものが考えられるでしょうか？「1カ月未満で辞めてしまった人」と「それ以上続いた人」のそれぞれの職場特性と比較調査したところ、いくつかのポイントで顕著な差が認められました。次ページの図表46をご覧ください。

　これをベースに考えると、少なくとも次の3つの施策が有効だと言えそうです。

図表46　スタッフの早期離職を左右する職場の特徴

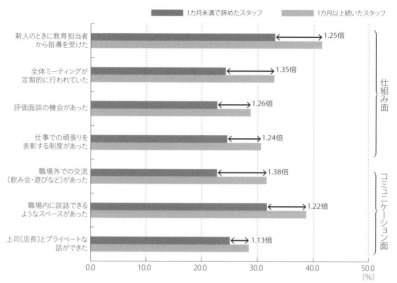

出所：中原淳・パーソル総合研究所（2015・2016）「アルバイト・パートの採用・育成に関する実態調査（離職者編＆スタッフ編）」（n=2,926）

①教育担当者をきちんとつける

　新人は「みんなで教える」ではなく、明確に教育担当者がいるほうが、長続きするという傾向が出ています。ただでさえ人手不足ですから、教育を担当できるほど優秀なスタッフは多くはないかもしれませんし、そういう人材のキャパシティを後輩教育に奪われるのが心配だという人もいるでしょう。しかし、アルバイトが早期離職を繰り返している職場ほど、専任の教育担当者をつけたほうが新人の定着率は上昇します。

　店長自らが教育を担当することも考えられますが、後述するとおり、あまりオススメしません。巻末の座談会でも1人の店長さんは「若い頃は、一から十まで自分で教えてしまっていた時期がありました。でもそれではうまくいきませんでしたね」と語っています。店長自らが教育係をやってしまうと、どうしてもスタッフたちは「新人は店長が教えるもの」と思ってしまい、かえってほったらかし状況を助長してしまいます。むしろ、「店長

には任せておけない。自分たちがしっかり教えてあげないと！」と思わせるくらいの空気づくりを大切にしているという話はとても印象的でした。

また、「ベテランに教育係はさせない。あえて中堅バイトに任せるようにしている」と語る店長さんもいらっしゃいました。まず単純にベテランスタッフは忙しいので、なかなか新人につきっきりで指導するのが難しく、「ほったらかし」が起きやすいと言います。また、ベテランスタッフはどうしても求める仕事のレベルが高くなりがちで、新人に過度なプレッシャーがかかることがあったそうです。

②全体ミーティングの機会を設ける

全体ミーティングの場も、新人の早期離職を抑制する効果が期待できます。シフト制の職場でスタッフ全員がそろう時間をつくるのは難しいかもしれませんが、職場全体の目標やスタッフ全員の情報を共有する全体ミーティングも試してみる価値があります。

③談話スペースを設ける

業務外のコミュニケーションの活発さも、早期離職の低減に影響します。また、長期にわたって働いている人が多い職場ほど、「職場内に談話できるようなスペースがあったか？」という質問項目に「はい」と答えています。とくに外食業などでは、狭いバックスペースに荷物がギュウギュウに詰め込まれている職場がよく見受けられます。客席確保のために優先順位が下がるのは理解できますが、十分なスペースを取ることでスタッフの就業期間が伸びる可能性も、データからは読み取ることができます。職場内に談話スペースを設置し、休憩やシフト交代時などにフランクな会話ができる環境を整えてみてはいかがでしょうか。

POINT
☐ 新人放置厳禁！　教育担当者をつけるのがベスト
☐ 新人の段階では「人による（ピープル軸の）育成」がより重要
☐ 新人が店長・スタッフとコミュニケーションを取りやすい環境をつくる

TOPIC 12
現場との「認識ギャップ」を解消するには？

店長はスタッフに応じて「演じる」

DIALOGUE

👤「今日の売上は目標比140％達成!! これもみんなのおかげだ。ありがとう!!」
👤「あ、はい…（今日はやけにテンションが高いな）」
👤「来月はみんな一丸となって150％を目指そう!!」
👤「店長、そういう体育会系的なノリ、苦手なんですけど…」

日々、さまざまな取り組みをしているのに、なかなか効果が出ない。その理由の1つは、店長が「できているつもり」になっていることもあるかもしれない。このような「認識のズレ」を埋めるためには、職場にいるスタッフの属性をしっかり押さえて、「役者」になりきる大胆さが求められる。

店長は「できているつもり」でも現場は…

「店長に対する信頼」や「スタッフ間の良好な関係」をつくるような職場づくりの取り組みが重要だという話を聞くと、なかには「そんなことは百も承知。とっくにやっているし、できているよ」と言いたくなる方もいることと思います。

そこで見ていただきたいのが、図表47のデータです。

図表47　店長とスタッフのあいだの「認識ギャップ」

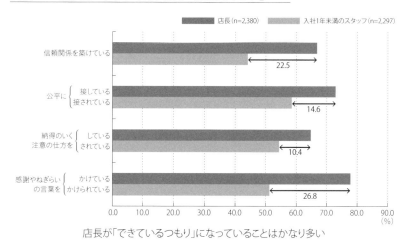

出所：中原淳・パーソル総合研究所（2016）「アルバイト・パートの採用・育成に関する実態調査（店長・マネジャー編＆スタッフ編）」

　店長と現場スタッフとのあいだにはこんなに認識のギャップがあります。このようなギャップ、どこかで見覚えがありますよね？　そう、すでに見た面接での〝伝えたつもり〟と同様、やはり入社後のコミュニケーション▶TOPIC 08／84ページ
についても、店長とアルバイトとのあいだにはズレがあることが見て取れます。

　グラフを見れば一目瞭然ですが、どの項目についても店長のほうがスタッフよりも「やっているつもり、できているつもり」になっていることがわかります。早期離職に限らず、アルバイトが辞めていってしまうときに、店長としては「こっちがあそこまでやっていたのに、どうして辞めるの？」という気持ちになることがあるかもしれません。そういうときは、アルバイトにそもそも店長の意図が〝伝わっていない〟可能性を考えたほうがいいでしょう。

「ギャップ」を埋められる店長は「役者」である!?

　ここから言えるのは、店長として本当に伝えたいこと、わかってほしいことは〝3割増し〟くらいを心がけるのがよさそうだということです。少しオーバーなくらい、少ししつこいくらいを意識し、なるべく店長とアルバイトとの目線を合わせるように努めましょう。

「まず店長である自分自身が楽しくやるのがいちばんです。『おれについて来い』というよりも、できるだけ自分が大学生の目線に近づいて、楽しい感じを演じながら仕事の話もしつつ、学校の話もしつつ…」

　これは巻末の店長座談会に登場していただいた、あるファミレスの店長さんの言葉です。スタッフ全員がひと回り以上年の離れた大学生スタッフだということもあって、彼はあえて「先輩キャラ」を演じるよう日頃から心がけているそうです。**演じるスキル**も店長には求められるということでしょう。

［属性別］早期離職を防ぐポイント

　とはいえ、店長よりも年上の主婦やフリーターがアルバイトに混じっていれば、上記の「先輩キャラ」はおそらく効力を発揮しないでしょう。やはり店長としては、ある程度メンバーの特性も踏まえながら、早期離職をされないような職場づくりをしていく必要があります。

　調査データをもとに、学生・主婦・フリーターが重視するポイントをまとめてみました（図表48）。ぜひ参考にしてみてください。

図表48　早期離職を防ぐうえでプラスなこと・マイナスなこと

属性	プラスなこと	マイナスなこと	ポイント
学生	・仕事のやりがい・魅力よりも、面接者の「人柄」 ・具体的指示よりも、人格的な信頼感が重要 ・自分の意見を取り入れてくれること	・「面接者の遅刻」に敏感	【店長の情緒・人柄重視】 「不信感」があると、早期離職につながりやすい （仕事量の多さはさほど気にしない）
主婦	・面接時の仕事内容への理解 ・指示の「納得感」 ・ベテランからの扱いの「平等感」	・「覚えることの多さ」が苦手 ・ベテランスタッフとの確執」が起こりやすい	【納得感・公平性重視】 「理不尽さ」を感じると、早期離職につながりやすい
フリーター	・スタッフ間のコミュニケーションや個人的モチベーション ・細かな指示よりも、「信頼されている」「必要とされている」という実感を与える	・希望外の勤務には強い	【ステップアップ重視】 「マンネリ」が続くと、早期離職につながりやすい

学生　店長の人柄を重視。信頼関係を築くことがポイント

　学生は、「面接者の遅刻」を気にするなど、面接時に店長から受ける印象などに敏感に反応することがわかりました。年齢が若いこともあるのか、仕事のやりがい・魅力といったポイント以上に、「店長の人柄」をとても大切にします。

　早い段階で店長との信頼関係が構築できていれば、多少忙しかったり、仕事の量が多かったりしても、それほど不満を感じることはないようです。また、自分の意見が取り入れられたりすると、「学生なのに1人のスタッフとして認められている」という実感が生まれ、モチベーション向上につながります。

主婦　納得感・公平感を重視。理不尽さはNG

　主婦は、仕事に対して納得感や公平性を求める傾向がありますので、面接時にはきちんと仕事内容を説明することが必要です。何か指示をする場合も、「なぜそれが必要なのか」をしっかりと伝えるように心がけましょう。

　また、覚えることが多い仕事、複雑な仕事に苦手意識を持っている人が

多くいます。仕事の全体像を見せつつも、最初からすべてを覚えてもらおうとせず、無理なく少しずつ慣れてもらえるような気づかいが効果的です。

さらに、不公平を嫌う傾向がありますから、ベテランスタッフから理不尽な扱いを受けたり、シフトや役割に偏りがあると感じると、強い不満を抱くようです。主婦パートが多い職場では、とくに公平感を意識しておきたいところです。

フリーター　ステップアップ重視。マンネリを嫌う

学業がある学生、家庭がある主婦と違って、多くのフリーターにとってアルバイトの仕事は社会との接点そのものです。そのため、職場で「必要な存在」として認められ、着実にステップアップしていくことを重視する傾向が見られます。

店長としては、決まりきったルーティンワークばかりをやらせたり、あまりこまごまと指示を与えたりするよりは、裁量のあるまとまった仕事を任せたほうがやる気がアップするようです。「店長から信頼されている」という実感を持たせるような演出を意識するといいでしょう。

> **POINT**
> ☐ 店長はつい「できているつもり」になりがち
> ☐ 「3割は伝わっていない」と意識する
> ☐ スタッフの特性も考えながら、店長を「演じる」覚悟が求められる

TOPIC 13
座学の新人研修は「無駄」なのか?

研修・マニュアルの意外な重要性

DIALOGUE

- 「店長、例の新人さんの研修、やらないんですか?」
- 「ああ、本社からはやるように言われてるけど…大して役にも立たないくせに時間を取られるし、省略しちゃおうかなって思ってるんだ」
- 「ええっ!! 私、あの研修、めちゃくちゃ役立ちましたよ!」
- 「そうなの!? 座学研修なんて意味ないって思ってたよ」

新人アルバイト向けに研修やトレーニングをきちんと行っている現場も多い。アルバイトを育成するうえで、研修やマニュアルはどの程度役に立っているのだろうか? また、アルバイト現場で研修を行う際にはどんなことに注意すればいいだろうか?

「新人研修のクオリティ」と「定着率」の意外な関係

　新人ステージで浮かび上がるさまざまな課題について見てきましたが、最後に、より一般的な意味での新人受け入れ、つまり研修やオリエンテーションなどについて、簡単に見ておくことにしましょう。
　一般に、新人育成として行われているものは、次の3つに分類されます。

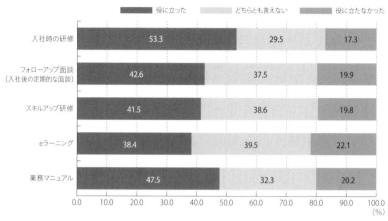

図表49 研修・マニュアルの有用性に対する実感値

入社時の研修・業務マニュアルのウエイトが高い

出所：中原淳・パーソル総合研究所(2015)「アルバイト・パートの採用・育成に関する実態調査(離職者編)」(n=2,926)

① **本部研修**——アルバイト先の本社などで行う。DVDやeラーニング、講師のレクチャーなどを通じて、会社の仕組みや企業理念を伝える
② **職場研修**——アルバイト先の職場で行う。仕事の内容や注意点について、店長から直接伝える
③ **OJT**——職場で実際に仕事をしながら行う。接客や単純作業など、基本的な仕事のやり方を伝える

③のOJTは別として、研修のような教育手段は、どの程度役に立っているのでしょうか？　図表49にまとめてみました。
「結局、実際に手を動かしてみないと、仕事は覚えられない。座学なんて役に立つものか！」と思っている店長も多いと思います。しかし調査によると、「入社時の研修」については53.3％が役に立ったと答えています。「意外に多いな」という印象ではないでしょうか？

さらに興味深いのは、これらの研修が「役に立った」と答えている人は、就業期間が長くなる傾向があるということです。図表50のデータをご覧ください。

図表50　研修のクオリティと就業期間の関係

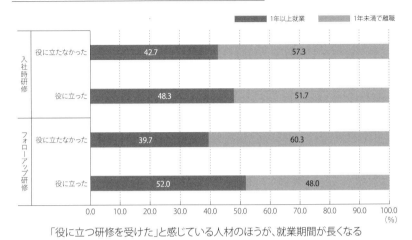

「役に立つ研修を受けた」と感じている人材のほうが、就業期間が長くなる

出所：中原淳・パーソル総合研究所（2015）「アルバイト・パートの採用・育成に関する実態調査（離職者編）」(n=2,926)

これ以外にも「この職場は研修・教育がしっかりしている」という印象を持った人のほうが早期離職しにくいというデータもあります（次ページ図表51）。中身のしっかりとした研修を丁寧に行うことは、新人の定着やモチベーションアップに寄与します。「どうせ座学なんて」と思って、おろそかにしないようにしましょう。

日頃から業務マニュアルの整理を

また、図表49でもう1つ注目したいのは、スキルアップ研修やeラーニングよりも、業務マニュアルについて「役に立った」と評価している人が多かったことです。

仕事のやり方や手順を自分のペースで自習・復習できるような、優れたマニュアルがあると、スタッフたちも自ら学ぼうという姿勢を持ち、好循環が生まれます。

ただし、しっかりとアップデートされていなかったり、度重なるルール

図表51　研修・マニュアルが与えるモチベーションへの影響

	1カ月以内で辞めたい (早期離職意向)	働き続けたい (継続意欲)	職場をよくしたい (貢献意欲)
研修・教育が充実している	— (-.262)	★★ (.299)	★ (.227)
マニュアルやツールが十分に活用されていない	★ (.209)	— (-.263)	— (-.130)

しっかりとした研修・教育は、早期離職リスクを下げ、意欲を高める
マニュアル・ツールをおろそかにすると、
早期離職のリスクが高まり、意欲は下がる

注：早期離職意向との相関係数（0.25以上：★★／0.20以上0.25未満：★／負の相関：—）。数値はすべて1％水準で有意
出所：中原淳・パーソル総合研究所（2016）「アルバイト・パートの採用・育成に関する実態調査（スタッフ編）」（n=8,141）

改定などによってツギハギ状態になっていたりするマニュアルは、かえって働く意欲を下げてしまうという結果が出ました（図表51）。日々の膨大な業務に忙殺される店長は、つい書類などの整理を後回しにしてしまいがちです。新人が混乱せずに学びを進められるよう、マニュアルや職場ルールを日頃からしっかりと整理しておくようにしましょう。

また、某ホームセンターでは、アルバイト初日にまず「お客様として店内を回る」という時間を設けているそうです。「○○がほしいのですが、どこに置いてありますか？」などと店員に質問してみたりし、店員の対応で気づいた部分をメモさせます。研修をする前にあらかじめ職場を新鮮な目で観察させるのは、座学の学習効果を高めるうまいやり方だと思います。

> **POINT**
> □新人研修は約半数の人が「役に立った」と感じている
> □新人研修が役立ったと感じた人のほうが、就業期間が長くなる
> □混乱を招くようなマニュアルは現場のやる気を削ぐ

第3章のまとめ

Q. なぜ「すぐ辞めるバイト」がいるのか?

▼大前提として、すぐ辞めようと思って仕事をはじめる人はあまりいません。店長のほうに責任がある可能性も考え、積極的に「早期離職」への対策を打っていく必要があります。これは中堅やベテランの離職対策にもつながっていく大切なポイントです。

Q.「話と違うので辞めます」を減らすには?

▼早期離職の主原因はイメージギャップによるリアリティ・ショックです。これを防ぐためには、採用面接の段階で適切に「現実」を見せる行為(RJP)が欠かせません。

Q. 新人受け入れ時の「やってはいけない」とは?

▼「放置」されることは新人にとって大きなストレス。忙しくてつい「悪い意味でのOJT」に頼りがちになってはいませんか? 専任の教育係をつけて人による(ピープル軸の)育成を行うことが、早期離職の防止につながります。

Q. 現場との「認識ギャップ」を解消するには?

▼早期離職の原因がまったく思い当たらない場合、店長が「できているつもり」になっているだけなのかもしれません。スタッフそれぞれの「重視ポイント」を押さえ、それに応じたキャラクターを「演じる」といった踏み込みも店長には欠かせません。

Q. 座学の新人研修は「無駄」なのか?

▼定着率が高い職場ほど、スタッフたちは研修やマニュアルが役に立ったと感じています。覚えることが多い新人のステージでは、こうした学習環境の整備も離職防止にプラスに働きます。

第 **4** 章

「定着」させて、一人前に育てる

[中堅ステージ]

「新人ステージもクリアしたし、なんとか定着してくれそうかな…」──そう感じられる人材を一人前のアルバイトに育成できるかどうかが、店長としての腕の見せどころです。ここで離職されると、それまで投下した採用・育成コストはすべて無駄…。逆に、うまく成長すれば、将来的に職場を支えてくれる心強い右腕になるかもしれません。一人前のスタッフとして「定着」させる方法を考えていきましょう。

TOPIC 14
「定着しない」の3つの理由とは？

中堅アルバイトを離職させる「カネ・ヒト・成長」の不満

> **DIALOGUE**
>
> 👤「店長、また1人辞めちゃうって本当ですか？」
> 👤「うん、ちょうど昨日、本人とも話し合ったところだよ」
> 👤「どうしてみんなちょうど半年くらいで辞めるんでしょうね…」
> 👤「そうなんだよ。せっかく仕事を教えたのに…無念」

アルバイト採用から、数カ月後。せっかく仕事も覚えて、職場にもなじんできたところで、突然辞めてしまう人がいる。また、1年以上働き続け、職場の中心的存在になりつつあったスタッフですら、いきなり辞めることがある。辞める理由は人それぞれだが、大量の離職者にアンケートをとったところ、「人材が定着しない職場」に3つの共通点が見えてきた。

「辞めても仕方ない」と思っていませんか？

採用後、ひととおりの仕事を覚え、スムーズに職場にも溶け込み、一人前になりつつあるように見えたスタッフが、いきなり辞めてしまう。しかも、店長からすると、はっきりした理由がいまひとつ思い当たらない──そんな経験はありませんか？ 採用や育成にかけてきたコストが無駄になり、徒労感と苦い思いだけが残る、店長としては最も避けたい事態の1つではないかと思います。そこで、まずは右ページのチェックシートを使って、

アルバイトマネジメント セルフチェックシート

NO	項目	チェック
1	スタッフのプライベートな話も聞いている	←該当しない 該当する→
2	納得のいく注意や叱り方をしている	☐☐☐☐☐
3	職場全体の目標をよく伝えている	☐☐☐☐☐
4	スタッフ個人の仕事上の目標を共有している	☐☐☐☐☐
5	スキルや能力がつく仕事を任せている	☐☐☐☐☐
6	日常的に感謝やねぎらいの言葉をかけている	☐☐☐☐☐
7	仕事上の悩み・不満を聞いている	☐☐☐☐☐
8	ミスが発生したときは十分なフォローをしている	☐☐☐☐☐
9	よい仕事をしたときはよく褒めている	☐☐☐☐☐
10	責任のある役割を任せている	☐☐☐☐☐
11	仕事ぶりに見合った評価をしている	☐☐☐☐☐
12	ほかもスタッフと平等に接している	☐☐☐☐☐
13	スタッフの意見を取り入れている	☐☐☐☐☐

チェック後、「長く働き続けたい」と思ってもらうために
大切にしたい行動「上位3つ」はどれかを考えてみましょう

ご自身のアルバイトマネジメントの状況を振り返ってみてください。

新人ステージでの早期離職をクリアしたにもかかわらず、それなりに仕事に慣れてきたタイミングで辞めてしまう人がいるのは一体なぜなのでしょうか？

「理由は人それぞれでしょ？」「その人材自身に問題があるんじゃないの？」という声もありそうですが、アルバイト離職者への大規模な調査からは、もう少し別の答えが見えてきました。

まずわかったのは、仕事がそこそこできるようになり、職場に慣れてきたからこそ抱く不満があるということ。それなりに続いたスタッフが辞めるときには、往々にしてこれらの不満がネックになっています。裏を返せば、店長がそこさえしっかりとフォローしてさえいれば、「防げたはずの離職」があるということです。

働いた期間別に「辞めた理由」の変化を見てみる

そこで、まずは図表52の調査結果をご覧ください。アルバイトを辞めた人たちを就業期間別に「1カ月未満（早期）」「1カ月以上6カ月未満（中期）」「1年以上（長期）」の3つに区分し、それぞれ離職理由の上位5位を示しています。

1カ月未満で辞めてしまう早期離職については第3章で見たとおりですね（図表42）。面接時の説明不足や対応の至らなさが要因となり、入社前に抱いていたイメージと実際の仕事とのギャップが「リアリティ・ショック」を生みます。これが職場や店長に対する不信感を一気に高め、1カ月未満という早いタイミングでの離職を引き起こしていました。
▶101ページ

ところが、中期および長期の離職理由は少し変わってきます。ポイントを3つに絞りながら、見ていきましょう。

図表52　就業期間別の離職理由の変遷

早期 (1カ月未満 n=470)		
順位	カテゴリ	スコア
1位	面接時の対応	10.0
2位	職場の雰囲気と合わない	8.3
3位	業務の忙しさ	7.8
4位	ベテランの態度の悪さ	7.3
5位	給与への不満	6.6

①面接時の対応（スタッフの雑な対応、ニーズのヒアリング不足）
②リアリティ・ショック（RJPの失敗）

中期 (1カ月以上6カ月未満 n=671)		
順位	カテゴリ	スコア
1位	ベテランの態度の悪さ	15.1
2位	業務の忙しさ	12.3
3位	給与への不満	9.9
4位	面接時の対応	9.6
5位	フォローの不足	8.9

①メンバー間（とくにベテランと）の確執
②研修期間後のフォローが不足

長期 (1年以上 n=555)		
順位	カテゴリ	スコア
1位	給与への不満	21.7
2位	業務の忙しさ	9.5
3位	キャリア展望の見えなさ	8.0
4位	上司・メンバーの入れ替え	7.1
5位	ベテランの態度の悪さ	6.5

①忙しさや能力に見合わない給与の上がり方
②将来の見通しの利かなさ

注：離職理由をカテゴリに分け、それぞれの加重平均でスコア化
出所：中原淳・パーソル総合研究所 2015「アルバイト・パートの採用・育成に関する実態調査（離職者編）」

［理由①カネへの不満］額より上がり方!?

　まずいちばん目につくのは、「給与への不満」でしょう。早期離職者では5位だったにもかかわらず、中期では3位、長期では1位という具合にどんどん上がってきています。

　これを単に「時給が低いこと」だけに対する不満だと見るのは、あまりに短絡的でしょう。というのも、応募や採用の時点で、その職場の時給がいくらなのかはわかっており、スタッフの側もそれに合意しているはずだからです。

　それではどう考えればいいのか？　就業期間が長くなるにつれて上位に来ていることからもわかるとおり、これは時給の「上がり方」に対する不満だと見るべきでしょう。仕事の大変さがわかってきたり、自分のスキルがアップしたりしているにもかかわらず、「（それに見合った分だけの）報酬が上がっていない／今後も上がっていく気配がない！」という思いが、不満を引き起こし離職につながっているのだと考えられます。

また、中期・長期の2位に来ている「業務の忙しさ」は、文字どおりの意味に受け取ることもできますが、上記と同じ文脈で捉える必要もありそうです。つまり、「仕事が忙しすぎる」から辞めたというよりも、「仕事の忙しさに見合った給料がもらえていない」という不満が募った結果なのだとも考えられます。

［理由②ヒトへの不満］「困ったベテラン」はいませんか？

　もう1つ注目したいのが、中期の1位に来ている「ベテランの態度の悪さ」です。
　働く期間が長くなるにつれて、職場でも気が合う人、合わない人が出てくるのは自然なことだと思いますが、この理由がトップに来ているのはじつに生々しいですよね。新人ステップから中堅ステップへと上がろうとするあたりで、先輩アルバイトとの確執が生まれ、その人間関係に悩むというのはいかにもありそうな話です。

　詳しくは次の第5章で見ますが、ベテランスタッフは、新人の育成を担当してくれたり職場全体を活性化してくれたりする、とても貴重な存在になり得る一方で、「諸刃の剣（もろはのつるぎ）」でもあります。長期間にわたって勤務を続けるなかで、いい加減な仕事をしたり、問題のある言動を繰り返したりする「困ったベテラン」が生まれてしまうことがあるからです。
　こうした「困ったベテラン」は、職場内のいじめやハラスメントといった問題を引き起こしがちです。彼らの悪影響は、勤務歴が比較的浅いスタッフたちに集中します。典型的なのは「新人に対してあえて仕事を教えない」といった行動で、これはスタッフの大量離職を引き起こしかねないので、注意が必要です。

　また、長期の4位に入っている「上司・メンバーの入れ替え」も、広い意味では人間関係の要因と言えるでしょう。「信頼していた店長が他店に異動

になってしまった」とか「新しく赴任した店長のやり方が気に入らない」という話はよく耳にします。また、「人づて採用」のところでも触れましたが、職場を紹介してくれた知人が離職することで、芋づる式に離職が起きてしまうケースもあります。

　人間関係が原因で起こる離職は、単なる「好き嫌い」の問題としては片づけられない部分があります。店長その人への不満はもちろんですが、ベテランスタッフと新人・中堅スタッフとの確執が頻繁に発生する場合、店長の職場マネジメントに問題があると思ったほうがいいでしょう。

［理由③成長への不満］「これからどうなる」を見せる

　最後に見ておきたいのが、中期の5位だった「フォローの不足」と長期の3位にある「キャリア展望の見えなさ」です。
　店長や先輩スタッフが優しく接してくれた初期のトレーニング期間が終わり、それなりに仕事ができるようになると、突然周りからのフォローが手薄になります。トラブルがあったりしても、以前のように手取り足取り教えてもらえなくなり、誰にも相談できずに悩んでしまうパターンがあるようです。また、新人としての緊張感が失われてくるのもこうしたタイミングでしょう。

　より興味深いのは、長期にわたって就業した人が「将来の見通しの利かなさ」を理由に辞めているということです。一人前のスタッフとして職場で頼りにされる一方で、立場が変わらず時給も上がらない状態が続くと、「この先ずっとこのままなのだろうか…ほかにもっとよい仕事があるのではないか？」という不安が芽生えます。

　これら2つはいずれも、店長が適切な評価やキャリアアップを通して、スタッフに「成長の実感」を与えられていないことが根本的な原因になって

います。アルバイトといえども、ただ時間と労働力を切り売りする仕事だと思ってはいけません。「仕事を通じて成長している」という実感こそが、最も大きなモチベーション要素となるのです。

＊　　　　＊　　　　＊

　以上、中期・長期で起こる離職の理由3つをざっと見てきました。次からは「カネへの不満（TOPIC 15）」「ヒトへの不満（TOPIC 16）」「成長への不満（TOPIC 17）」の順で、それぞれの対策も含めて詳しく見ていくことにしましょう。

> **POINT**
> ☐「防げる離職」はたしかにある
> ☐「辞める理由」は就業期間によって大きく異なる
> ☐中堅スタッフの離職は「カネ・ヒト・成長への不満」が原因

TOPIC 15
時給アップは「引き留め」になるか？

「カネへの不満」の本質と対策

> **DIALOGUE**
>
> 🧑 「いつもありがとう。来月から時給10円アップになるよ。これからもよろしく」
> 🧑 「わ！　店長、ありがとうございます。うれしい!!」
> 🧑 「ところで…来週の土曜、シフト入れる？」
> 🧑 「…それとこれとは話が別ですね。無理です（キッパリ）」

アルバイトの離職が続くと、「やっぱり時給が低すぎるせいだろうか？」という考えが頭をよぎるかもしれない。もちろん、アルバイトをする人たちの多くは時給アップを望んでいるし、それがある程度のモチベーションアップにつながることはたしかだ。では、果たして時給アップにはどれくらいの「離職防止」効果があるのだろうか？

時給アップで「継続意欲」は高まるが…

　アルバイトの離職が続いたとき、原因として真っ先に思いつくのは「時給」です。実際、すでにで見たとおり、時給が上がらないことへの不満が引き金となり、アルバイトが辞めてしまうケースはよくあるようです。と

▶TOPIC 14／127ページ

はいえ、職場のコスト構造や企業としての方針がありますから、時給アップには限界があります。また、スタッフ間の公平性などを考えると、アッ

図表53　時給アップとモチベーションの関係

属性	働き続けたい （継続意欲）	職場をよくしたい （貢献意欲）
学生	★	ほぼ相関なし
主婦	ほぼ相関なし	ほぼ相関なし
フリーター	★★	★

時給アップは「継続意欲」にはややプラスだが、
「貢献意欲」にはほぼ効果なし

対象：就業期間1カ月以上のスタッフ（n=7,724）
注：それぞれ回答「働き続けたい」「職場をよくしたい」との相関係数（0.25以上：★★／0.2以上0.25未満：★）
出所：中原淳・パーソル総合研究所（2016）「アルバイト・パートの採用・育成に関する実態調査（スタッフ編）」

プの幅やタイミングなど、店長としては悩ましい問題が多数控えているのではないでしょうか。

　しかし、そもそも時給アップにはどれくらい離職を防止する効果が期待できるのでしょうか？　また、給料が上がることで、「職場をよくしよう」という気持ちは本当に高まるのでしょうか？　属性別に見た図表53のデータをご覧ください。

　見てのとおり、時給アップは「働き続けよう」という気持ち（**継続意欲**）を多少高めています。とはいえ、今回の調査データでは、明確にその傾向が見られたのはフリーターだけで、学生はやや上がっている程度、主婦層に至っては、ほとんど相関が見られないという結果でした。

時給が上がっても、「貢献したい」とは思わない

　さらに注意すべき点は**貢献意欲**、つまり「職場をよりよくしていこう」とする気持ちのほうです。

時給アップはこちらにはほとんど効果が見られません。つまり、「この職場で働き続けよう」という気持ちにはプラスに作用するにしても、「この職場をよくしていこう」という意欲を引き出すわけではないのです。
　このことは、過去の**モチベーション研究**のなかでも言われています。**不満要因**（衛生要因）を取り除くことで、仕事に対する不満を減らすことはできても、仕事の満足感を引き出すことはできないのです。

　お話を伺った飲食店の店長Ｉさんは「アルバイトの募集時には、地域の時給よりも極端に高いような金額は、あえて提示しないようにしている」と語っていました。高い時給につられて応募してきた人は、採用したあとも時給に不満を持ちやすく、離職を防ぐためにはさらに時給アップをせざるを得なくなるためだそうです。たしかにそういう場合もあるのかもしれません。
　また、有名ファストフードチェーンのある若手店長Ｎさんからも、非常に興味深いお話を聞きました。彼女のお店がある都内の繁華街エリアでは、アルバイトの平均時給がだいたい1,500円だそうです。それに対して同店の時給は1,000円。思わず「人を集めるのが大変ではないですか？」と聞きましたが、「かえって時給目当てでない人が集まってくれるので助かる」とのことでした。

何よりもまずは「店長は見てくれている」という実感

　以上からわかるとおり、時給アップにはある程度の引き留め効果はあるものの、本書が重視している「職場づくり」に寄与する部分は少なそうです。
　では、継続意欲と貢献意欲の2つを同時に高めていくためには、何が必要なのでしょうか？　調査を通して、時給アップ以上に効果のある方法が見えてきました。次ページの図表54がその結果です。

図表54　評価・役割・時給アップとモチベーションの関係

	働き続けたい （継続意欲）	職場をよくしたい （貢献意欲）
仕事ぶりに見合った 評価を受けている	★★	★ (.162)
責任のある役割を 任せてもらっている	★ (.102)	★★ (.279)
成長に応じて 報酬が上がっている	△ (.064)	△ (.038)

対象：就業期間1カ月以上のスタッフ（n=7,724）
注：数値はそれぞれ回答「働き続けたい」「職場をよくしたい」を従属変数とした重回帰分析による標準化回帰係数（0.25以上：★★／0.10以上0.25未満：★／0.10未満：△）。統制変数は性別・企業をダミー化して投入
出所：中原淳・パーソル総合研究所（2016）「アルバイト・パートの採用・育成に関する実態調査（スタッフ編）」

　そう、時給アップよりも「仕事ぶりに見合った評価を受けている」という感覚のほうに、「働き続けたい」という気持ちを高める効果が明確に認められたのです。これは**評価実感**と言い換えてもいいでしょう。
　「店長が自分の仕事をいつも見てくれていて、それをしっかり評価・承認してくれている」「店長は私の仕事ぶりを気にかけてくれていて、いつも声をかけてくれている」──そういう実感が失われたとき、アルバイトのモチベーションは失われます。あるいは、そうした評価実感の不足が「時給への不満」というかたちをとって表面化しているにすぎないと言えるかもしれません。
　ある生活用品店の店長Eさんは、ゴミ廃棄などの目立たないバックヤードの仕事を担当するスタッフに対しても、「店長がしっかり見ている」ということを認識してもらえるように気をつけていたといいます。「『売り場で100万円売り上げた』というようなことだけが仕事ではない。君がやってくれたリサイクルの仕事のおかげで、会社全体にはこれくらいの金額のコスト削減になっている」など、具体的な金額とともに、そのスタッフの貢献度を伝えているとのことでした。かといって、そのたびに時給アップをし

ているわけではありません。やはりお金以外の報酬にもスタッフの目線を合わせてもらうことが重要なポイントなのでしょう。

　ただし、決して誤解しないでいただきたいのは、私としては「店長は時給を上げる必要はない」と主張する気はまったくないということです。時給アップを含めて、スタッフや職場の労働環境をよりよくしていく努力は店長としても企業としても継続するべきです。
　しかし同時に、「時給さえ上げれば、すべてが解決する」などというのは明らかな幻想であり、店長にはそれ以外の工夫も求められているということを忘れないでいただければと思います。

「とにかく褒めればいい」ということではない

　また、仕事ぶりに〝見合った〟評価という点も忘れてはなりません。運送業でマネジャーを務めるMさんは「むやみに褒めることは逆効果だった」と言っていました。スタッフ本人が成長を実感して〝いない〟にもかかわらず、Mさんがそこを褒めてしまったために、かえって信頼を失ってしまったことがあるそうです。「褒めるなら『本当にいい仕事』をしたときでなければならない」とMさんはそこで学んだといいます。
　また、「責任のある役割を任せてもらっていること」が、「職場を自分の力でよくしたい」といった前向きな気持ちにつながるという調査結果も出ています。これについてはのちほど見ていくことにしましょう。

> POINT
> □時給アップは「働き続けよう」という気持ちを多少高める
> □「評価実感」のほうが継続意欲にはいい影響を与える
> □やみくもに賞賛するのではなく、実態に合った「適正な評価」が大切

TOPIC 16
「アットホームな職場」は求められているか？

「ヒトへの不満」の本質と対策

> **DIALOGUE**
> - 「例の新人の彼女、もう辞めるんですか？」
> - 「ビックリだよ。歓迎会ではすぐみんなに溶け込んでたから安心してたのに…」
> - 「ところで来月のベテランの山田さんの送別会、どうします？」
> - 「なんかウチ、歓迎会と送別会ばっかりやってるな…」

「アットホームな職場」はアルバイト求人広告の常套句。スタッフたちも職場の人間関係で余計な悩みは抱えたくないし、ギスギスした雰囲気のなかで働きたい人は決して多くないだろう。実際、中堅アルバイトの離職理由には、人間関係に関するものも多く見られる。しかし本当に「アットホームな職場」は求められているのだろうか？　調査からは別のニーズが見えてきた。

やっぱり気になる「職場の仲のよさ」

　1カ月以上6カ月未満（中期）で仕事を辞めたアルバイトの離職理由1位には「ベテランの態度の悪さ」が上がっていました（図表52）。
▶127ページ
　巻末の店長座談会でも「リーダー格のアルバイトが原因で、辞めていく新人は意外に多い」という話が出ています。ベテランスタッフは自分のポ

ジションを守るために、新人に圧力をかけたり派閥をつくったりする傾向があります。「みんなに頼られたいがために、あえて新人を潰して『人が足りない状況』を維持しようとするベテランがいた」というゾッとする話も耳にしました。

　これらはちょっと極端な例なのかもしれませんが、半年程度は辞めずに続いたスタッフが、さらに長期にわたって職場に定着するときには、やはり人間関係が大きなネックになることは間違いなさそうです。

　このあたりのことについては、現場の店長さんたちのほうがはるかによくご存じでしょう。実際、求人広告などを見ると、「みんな仲がよくて、アットホームな職場です」という具合に、人間関係のよさをアピールする言葉が溢れています。店長やスタッフたちが家族・友達同士のように仲良しで、楽しく働ける職場があるのだとすれば、たしかに離職する人は一見少なそうです。しかし…本当にそうでしょうか？

「仲良しベッタリ」な職場でも「すぐ辞める人」はいる

　たとえば、新人が入るたびに歓迎会をやっているというような職場はどうでしょうか？　こうした会があれば、スタッフ同士が仲良くなる機会は多いように思えます。ところが、次ページの図表55のデータを見てください。

　これは1カ月未満で辞めてしまった早期離職者と、1カ月以上は続いた（しかしそのあと辞めてしまった）人に「歓迎会があったかどうか」を聞いた結果です。このデータだけを見ると、なんと早期離職している人のほうが「歓迎会があった」と答えている割合が高く出ています。

　もちろん、だからと言って「歓迎会を開くと、早期離職が起こりやすくなる」などと主張したいわけではありません。ただ、お店をあげて歓迎会を開き、アットホームな仲良しムードを演出したからといって、その後、新人が長続きするかどうかはわからない、ということです。オフタイムにも

図表55　歓迎会と就業期間の相関性

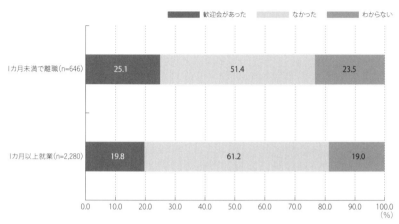

歓迎会による「アットホームさ」の演出は、早期離職の防止には寄与しない可能性

出所：中原淳・パーソル総合研究所（2015）「アルバイト・パートの採用・育成に関する実態調査（離職者編）」

　一緒に旅行に行ったり、イベントを企画したり、飲み会を開いたりと、スタッフ同士の仲がよい〝アットホームな職場〟ほど、定着率が高くなるかといえば、必ずしもそうではないようなのです。おそらくは、そうした親密な雰囲気に「のれる」人は残りますが、そうでない人には、こうした人間関係が〝過剰〟に映るのでしょう。
　では、アルバイトの人たちは職場でどのような人間関係が生まれることを望んでいるのでしょうか？

「真面目なニーズ」を見過ごすな

　図表56の調査は、どのような職場コミュニケーションが「この職場で長く働き続けたい」という気持ち（継続意欲）に影響を与えるのかを調べたものです。
　やはりこのデータを見ても、一般的な意味での「仲のよさ」は上位には来ていません。プライベートな話ができるスタッフがいても、継続意欲に

図表56　職場コミュニケーションと継続意欲の関係

順位	コミュニケーション	影響度 （標準化回帰係数）
1位	スタッフの間に職場をよくしようとする雰囲気がある	.281
2位	ミスが発生したときは、ほかのスタッフから十分なフォローがある	.135
3位	ベテランスタッフから、ほかのスタッフと平等に接されている	.132
4位	ほかのスタッフと、プライベートな話をよくする	.003
5位	仕事上の悩みや不満をほかのスタッフに伝える機会がある	-.046

プライベートな会話ができる「仲良し関係」よりも、
仕事を通じた真面目なコミュニケーションのほうが
離職を防ぐ効果がある

注：回答「働き続けたい」を従属変数とした重回帰分析の標準化回帰係数の値のうち上位を抜粋して掲載。
統制変数は性別・企業をダミー化して投入
出所：中原淳・パーソル総合研究所（2016）「アルバイト・パートの採用・育成に関する実態調査（スタッフ編）」(n=8,141)

はさほど影響していませんし、「悩み・不満を打ち明けられる」に至っては、むしろマイナス効果が出ています。たとえスタッフ同士の関係が緊密であっても、そのコミュニケーションの「中身」が愚痴や中傷だったりする場合は、継続意欲にはネガティブに作用します。

　調査データを見る限り、アルバイト間のコミュニケーションでは、職場に関わるものが好影響を与えていることがわかります。

- スタッフの間に職場をよくしようとする雰囲気がある
- ミスが発生したときは、ほかのスタッフから十分なフォローがある
- ベテランスタッフから、ほかのスタッフと平等に接されている

　これは店長がつい見逃しがちなポイントではないかと思います。スタッフたちは「プライベートも一緒に遊べるような仲間の輪」につられるほど愚かではありません。むしろ、職場改善につながるコミュニケーションをとり合える〝真面目な人間関係〟を意外と求めているのです。

もちろん、職場のメンバーが打ち解け合っているのはすばらしいことです。求人の際にそこをアピールしない手はありません。ただ、人材の定着を真剣に考えるのなら、やはり仕事面での信頼関係や健全なライバル意識、チーム意識をつくり出していく努力が必要になります。
　スタッフたちの仲はよいのに、なぜか人材の流出が止まらないという職場では、そうした種類のコミュニケーションが不足していないか、再度、検討してみることをおすすめします。

「チーム実感」を生み出した2つの仕組み

　では、職場をよくしていこうとする「建設的な職場関係」をつくるために、どのような工夫ができるでしょうか？
　アルバイト育成に定評がある某居酒屋チェーンでは、全国のスタッフがアクセスできるウェブ掲示板を用意し、そこで「お客様を感動させるサービス」のアイデアを募っているといいます。アルバイトたちは自分なりに考えたサービスをそこに投稿し、逆に他人のアイデアも「これはいい！」と思えるものがあれば取り入れます。お互いのやり方を共有する仕組みをつくることで、スタッフ間に建設的なコミュニケーションが生まれます。優れたアイデアは本社で表彰されるため、現場のモチベーション向上にもいい影響を与えているといいます。

　また、ある大型スーパーマーケットでは、売り場ごとにアルバイトが集まり、職場の問題点や改善策を意見交換するワークショップが開催されているそうです。意見を言ったアルバイトは「言い出しっぺ」として率先してそれに取り組むようになり、実際に効果が上がる例が多いのだとか。飲み会を開いて愚痴を言い合っているよりもはるかに建設的だということで、自主参加のイベントながら高い参加率を誇っているとのことでした。

　いずれの場合も、プライベートで仲良くするのではなく、あくまで職場

改善につながるコミュニケーションを促進しようと試みているところがポイントです。アルバイトのスタッフたちは、つらい仕事に一緒に耐えつつ、職場の外で愚痴をこぼし合える仲間を求めているわけではありません。

仕事を楽しみながら、仲間とともにいい職場をつくっているという**チーム実感**こそが、人材定着のカギなのです。

> POINT
> ☐ 「職場の仲のよさ」は離職防止にはあまり効果がない
> ☐ 愚痴を言い合える関係性は、継続意欲にはマイナス
> ☐ 「職場貢献を意識したコミュニケーション」が人材を定着させる

TOPIC 17
「これからどうなる」を示せているか？

「成長への不満」の本質と対策

> **DIALOGUE**
>
> 👤「君ももうウチに来て1年か〜。頼りにしてるよ！」
> 👤「恐縮です！　でもまだまだわからないこともありますし…」
> 👤「いやいや、教えることはもうないよ。このまま頑張って!!」
> 👤「あ、はい…（いつまでこの仕事なんだろう…）」

1年以上続いたアルバイトが辞めるとき、多くの人が「将来の見通しの利かなさ」を理由にしている。店長としては、アルバイトの育成プロセスを設計し、〝成長の実感〟を持たせていくことが欠かせない。頼れるベテランへと育成するために必要な「経験軸の育成」について見ていくことにしよう。

「成長の設計」こそ店長の仕事

　中堅アルバイトの離職理由となる「カネへの不満」と「ヒトへの不満」について見てきました。最後に考えておきたいのが、自分の成長に壁を感じたり、将来の展望が見えなかったりすることで生まれる「成長への不満」です。

　すでに離職理由ランキングをもう一度思い出してみましょう（図表52）。
▶127ページ
中期（1カ月以上6カ月未満）の離職者では「フォローの不足」（5位）が、長

期（1年以上）の離職者では「キャリア展望の見えなさ」（3位）が上がっていました。

　アルバイトに限りませんが、人材が成長する過程で、これらの壁にぶつかることは決して珍しいことではありません。ただ、これが原因で離職にまで至ってしまう場合、マネジメントの側にも責任があるケースが少なくありません。それぞれの成長ステージに応じた育成を、マネジャーが提供できていないのです。

　人材育成の理論には「ピープル軸」と「経験軸」の2つがあるという話をしたことを覚えているでしょうか？　新人育成の段階では、どちらかというとピープル軸、つまり「人は人のサポートによって育つ」という考え方のほうに力点を置いて説明させていただきました。今度は**経験軸アプローチ**についてお伝えしておきましょう。

▶TOPIC 11／109ページ

経験軸の育成では「ストレッチゾーン」を意識する

　経験軸の育成のベースには、「人は業務経験を通じて育つ」という発想があります。この点については、現場でご活躍の店長さんたちにはご賛同いただけると思います。座学の研修だけをしてもスタッフたちはなかなか仕事ができるようにはなりません。人に外から教え込まれるのではなく、経験を通じて自分なりに体得するしかない要素が、実務の領域には無数にあります。

　では、どんな経験が人を育てるのか？　次ページの図表57は経験軸の学びを解説するときによく引用される概念図です。
　学習者（つまりここではアルバイトのスタッフですが）の心理的空間には①**コンフォートゾーン（快適空間）**、②**ストレッチゾーン（挑戦空間）**、③**パニックゾーン（混乱空間）**の3つがあります。
　コンフォートゾーンに属する経験とはさほど苦労なくこなせる業務、パニックゾーンのほうは本人のキャパシティを超えていて処理しきれなくな

図表57　学習者の3つの心理的空間

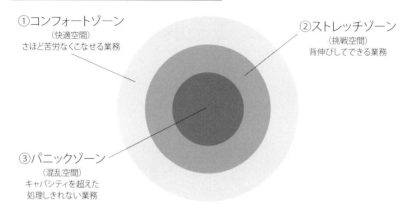

経験軸アプローチでの人材育成においては、
適度な背伸び（ストレッチ）経験がカギになる

ってしまう業務だと考えてください。そして、その中間に位置するストレッチゾーンに来るような業務こそが、人の成長を生み出すと考えられています。

　ある程度の背伸び（**ストレッチ**）や失敗のリスクを負いながらも、それをくぐり抜けるような経験をしたときに初めて、「経験による育成」は成功します。まさに〝今日の背伸びが明日の日常〟という具合に少しずつ仕事ができるようになっていくのです。

優秀な店長は「小さな背伸び」を手渡している

　たとえば、中期（1カ月以上6カ月未満）の離職者が「フォローの不足」を訴えるとき、店長はこのような学習空間の設定に失敗している可能性があります。

　新人のときに与えられたあまりにも簡単すぎる仕事（コンフォートゾーン）ばかりをやらされ続けた結果、成長実感が得られずに仕事が嫌になっ

てしまったのではないでしょうか？　あるいは、パニックゾーンに属するような重たすぎる経験が重なった結果、自信を失っているのかもしれません。

　スタッフを一人前のアルバイトに育成していくためには、それぞれの人材のステージに応じた学習ゾーンの見極めが肝心になります。人を育てることに成功している優秀な店長たちは、ただルーティンの仕事をこなさせたり、重たい仕事を丸投げしたりするのではなく、適度な責任や裁量を持たせながら、「小さな困難」を乗り越えるような経験を〝提供〟しています。ステップアップを意識しながら仕事を割り振っていく工夫をしてみましょう。

「成長実感」をいかに演出するか

　このような育成のときに同時に必要になるのが、スタッフ本人にも自分の成長を〝実感〟させることです。「あなたはこういうことができるようになった」「いまのあなたにはこれが足りない」「これからこれができるようになっていくべきだ」――そうしたことを伝えて、アルバイトに「自分の位置」や「今後の目標」をはっきり意識させることも、店長の大切な仕事です。

　1年以上働いたアルバイトの離職理由3位が「キャリア展望の見えなさ」だというのは、店長がこの役割をしっかり果たせていない証拠だとも言えるでしょう。

　仕事をはじめて1年もすれば、ひととおりの仕事に慣れてしまい、「新しく覚えるべきこと」が何も見当たらなくなります。するとそのスタッフは、日々の仕事の中でまったく**成長実感**が得られなくなり、ある日突然、離職してしまいます。

　これを防ぐためには、定期的に面談などの場を用意し、「店長としてどのように成長してほしいか」「アルバイトとしてどのように成長していきたい

か」を互いに共有するのがいちばんでしょう。

　また、一定の規模を持つチェーン店などであれば、アルバイトのなかにも一定の「職位」が設けられていると思いますので、そうした枠組みを利用しない手はありません。
　アルバイトの育成体制が整備されていることで有名な某ファストフードチェーンでは、控え室に全員の成長ステップが確認できる大きな用紙が貼り出されています。一定の水準をクリアすると、その用紙にシールを貼ることになっているので、本人も自分の位置や目標をつねに実感できます。まさに育成理論の基本に忠実な、理にかなったやり方だと言えるでしょう。

　　　　　　　　＊　　　　　＊　　　　　＊

　さて、ここまで主に「この職場で働き続けたい」という気持ち（継続意欲）に影響を与える3つの要因、すなわちカネ・ヒト・成長について見てきました。ひとまずここでまとめておきましょう。

①**カネへの不満**——じつは「時給のアップ」ではなく、承認してくれている・気に掛けてくれているという「評価実感」が求められている
②**ヒトへの不満**——じつは「仲良しグループ」ではなく、職場をよくしようという「チーム実感」が求められている
③**成長への不満**——じつは「楽な仕事」ではなく、自分の能力やスキルが伸びているという「成長実感」が求められている

　ただし、これは調査対象をひとまとまりにして見えてきた答えです。興味深いことに、これを学生・主婦・フリーターという属性別に切ってみると、また微妙な差が出てきました。最後に付論としてこの点にも触れておきましょう。

図表58 「継続意欲」に影響する店長のアクション

店長のアクション	学生 (n=1,577)	有意差	主婦 (n=2,808)	有意差	フリーター (n=3,129)	有意差
ほかのスタッフと平等に接している	★★★	***	★★★	***	★★	***
日常的に感謝やねぎらいの言葉をかけている	★★★	**	★	*		
スキルや能力が身につく仕事を任せている	★★	*				
仕事ぶりに見合った評価をしている			★	*	★	**
ミスが発生したとき十分なフォローをしている			★	**		
長期的なキャリアについて話し合う機会がある			○	*	★★	***
職場全体の目標をしっかり伝えている					★★	***
納得のいく注意や叱り方をしている					★	
仕事上の悩み・不満を聞いている			△	*		
スタッフの意見を取り入れている			★	*		
スタッフ個人の仕事上の目標を共有している					★	*

注：回答「働き続けたい」を従属変数とした重回帰分析の標準化回帰係数の値のうち上位を抜粋して掲載（0.10以上：★★★／0.08以上：★★／0.05以上：★／0.02以上：○／0.02以下：△／空欄：統計的有意差なし／有意差──***：0.1％水準　**：1％水準　*：5％水準）。その他の項目は掲載割愛
出所：中原淳・パーソル総合研究所（2016）「アルバイト・パートの採用・育成に関する実態調査（スタッフ編）」

学生	ねぎらい・感謝の言葉を積極的にかけつつ、スキルのつく仕事を任せる
主婦	公平性を意識しつつ、忙しいときにとくに十分なフォローをする
フリーター	目標を共有し、長期的キャリアについて語る機会をつくる

［付論］属性別に見る「評価される店長」のポイント

　図表58は「店長のどのようなアクションが『この職場で働き続けたい』という意欲を高めるか？」をまとめた結果です。みなさんの職場の人員構成を考えながら、次の分析も参考にし、現場でのアルバイト育成にお役立てください。

学生　「信頼できて、任せてくれる店長」を求める

　すでに確認したとおり、学生バイトは店長の人柄や態度に重きを置く傾

向があります。そのため、店長とのあいだに不信感が生まれると、すぐに継続意欲が低下してしまいがちです。日頃から学生バイトには目をかけるようにし、「お疲れさま」「よくやっているね」「助かっているよ」など、感謝やねぎらいの言葉を積極的にかけるようにしましょう。

　また、スキルが身につくような少し難しい仕事を任せるのもオススメです。「店長から信頼されている」という実感は、仕事を続けようという気持ちを高めます。

　一方で、忙しい学生生活を送りながら、時間を削って働いているということもあり、「やりがい」よりも「割のよさ」を求めるようなクールな側面もあります。仕事の忙しさに見合った時給アップがないと、継続意欲にマイナスに作用することがありますのでご注意ください。

主婦　「スジを通す公平な店長」を求める

　主婦はまず「納得感」を重んじます。面接時の説明よりも仕事の量が多い、マニュアルの説明と現場の運用が異なる、人によって仕事のやり方がまちまち、評価のポイントがあいまい、などといった点に不満を抱きやすい傾向が出ています。

　また主婦の場合、時給アップがあまり継続意欲や貢献意欲の向上につながりません。むしろ、体力的な面で心配もあるためか、仕事量が増えることに不安を抱く傾向があります。忙しいときや困っているときに、きちんとフォローがあると、安心して働き続けられるようです。

　時給のウエイトが低いとはいえ、スタッフ間の「公平性」にはかなり敏感です。不公平だという声は主婦間のネットワークであっと言う間に広まるので、この点には注意が必要でしょう。

　ある小売店の店長Oさんは、主婦スタッフを多く抱えていることもあり、公平性の確保にはかなり気を配っているとのことでした。それぞれのメンバーについて「今月は何回、休日シフトに入ってもらっているか」「掃除当番が何回目か」「本人希望に沿わないシフトに何回入ってもらっているか」など、細かなところまで記録し、スタッフ間に〝偏り〟が出ないようにしているそうです。1カ月のうちで調整できなければ、翌月分で帳尻を合わせ

るとも言っていました。過去にかなり大変な思いをしたのかもしれませんね。

フリーター 「未来を見せてくれる店長」を求める

フリーターは、3つの属性のなかでは最も多様な人材を含んでいますので、ほかの2つに比べると特定の数値が高く出ていないことが特徴です。

しかし、将来的なキャリアアップや昇給の展望を示すことは欠かせません。「いずれはバイトリーダーになってほしい」「この役割を任せたい」「こんなスキルが身につく」など、今後どのようなステップが用意されているのかを折に触れて話すことがカギになるでしょう。また、それに伴う評価実感を持ってもらううえでは、適切な時給アップも検討するべきです。

> **POINT**
> ☐ 人材の経験軸の育成には「小さな背伸び」が必要
> ☐ 店長は「ストレッチゾーン」の仕事を手渡していくべき
> ☐ アルバイトが自分の成長を実感できる仕組みを用意する

第4章のまとめ

Q.「定着しない」の3つの理由とは？

▼ある程度続いたスタッフが辞めるときには、①時給の上がり方に対する不満、②ベテランとの確執など、人間関係に対する不満、③成長実感が得られないことに対する不満の3つが関係しています。

Q. 時給アップは「引き留め」になるか？

▼給料の上がり方に不満を持つ人が多い一方、時給アップが継続意欲や貢献意欲にダイレクトにつながるわけでもなさそうです。「お金でつる」という発想ではなく、「評価実感」を持ってもらうための手段として考えると、離職防止にも大いに役立ちます。

Q.「アットホームな職場」は求められているか？

▼人間関係が理由で辞める人も多いですが、「仲良しグループ」的な職場はそれほど求められていません。むしろ、仕事のことを通じた「真面目なコミュニケーション」を充実させると、定着率が高まることがわかっています。

Q.「これからどうなる」を示せているか？

▼それなりに続いた人が突然辞めるときの理由の1つが「先の見えなさ」。決まった仕事をこなすだけの使い捨て人材として扱っていませんか？「小さな背伸び（ストレッチ）」を与えながら、スタッフの成長を「設計」していく発想が欠かせません。

第5章

「職場のリーダー」を育てる

［ベテランステージ］

　店長とはつくづく大変な仕事だと思います。〝経営者〟として職場の戦略や数字を見ながら、アルバイトの配置や育成も考えていかなければならない。そこに含まれない雑務もたくさんあります。膨大な業務に疲弊せず走り続けるためには、店長に代わって職場を回してくれる〝右腕〟の存在が欠かせません。ベテランアルバイトを「職場のリーダー」として育成していくための方法について考えてみましょう。

TOPIC 18
なぜ店長には「頼れる右腕」が必要か？

「インフォーマルリーダー」の育成論

> **DIALOGUE**
> - 「ドライバーはどこですか？ ドアのネジがゆるんでました」
> - 「パートの山下さんに聞いてみて。オープンから勤続15年のベテランだからね」
> - 「本当に山下さんって、店長と違って頼りになりますよね！」
> - 「う…うん(ひと言余計だけど…)山下さんには本当に助けられてるよ」

店長にもいろいろなスタイルがあるが、継続的に結果を出し続けている店長に共通するのが「右腕的スタッフ」の存在だ。店長の不在時にも現場をリードしてくれるスタッフを育てられているだろうか？ 「マネジャー」としての店長にとって、「職場リーダー」の育成は無視できない課題である。その意外な効果も含め、見ていくことにしよう。

最初は誰でも「駆け出し店長」

　人は最初から**マネジャー**として生まれるわけではありません。どちらかといえば、かなりの期間にわたって現場で実務を担当したのちに、役職を与えられ、それからようやく「マネジャーとしての学び」をはじめるというケースが一般的でしょう。
　しかし、多くの店長は、場合によっては入社数年ほどで、ある日突然、何

人もの部下を持つマネジャーにならねばなりません。かなり若くして職場を任された「駆け出し店長」だとしても、自分よりもはるかに年上のスタッフや職歴の長いベテランたちをリードしていくことが求められます。

「主任→係長→課長→部長…」などというふうに、少しずつマネジメントのレベルが上がっていくのではなく、いきなり中小企業の経営者になるようなものです。最初からうまくいくという人は、ごくひと握りでしょう。

だからこそ、店長とひと口に言っても、そこには段階があります。一人前の店長になるための移行期間のことを、私が専門としている人材開発・キャリア発達理論では**トランジション**（Transition／移行）と呼んだりします。店長にもやはりこのトランジションがどうしても必要なのです。

「リーダーの育成」こそが店長のラスト課題!!

では、真の意味でのマネジャーへ移行するために、最も必要なことは何でしょうか？

経営学の世界で最も有名な**マネジメント**の定義は、〝Getting things done through others〟、つまり、他者を通じて物事を成し遂げることです。

店長の仕事に置き換えてみた場合、これは職場のさまざまな仕事をアルバイトスタッフのみんなにやってもらうことだけではありません。ここまでお伝えしてきたような「アルバイト育成」すらも、店長の代わりにやってくれるリーダーを育て上げることも、「他者を通じて物事を成し遂げる」ためには重要なことなのです。

実際、今回の調査の中でも、職場内の**インフォーマルリーダー**の存在が浮かび上がってきました。インフォーマルリーダー（Informal Leader）とは、店長のような公式の（フォーマルな）管理者ではなく、スタッフの中にいる「店長の右腕的人材」のことです。

結果を出し続ける店長には「頼れる右腕」がいる

　右腕と言っても、決して1人だけである必要はありません。ある居酒屋チェーンで店長として圧倒的な実績を上げ、現在ではその企業で役員をしている方はこう語っていました。

「店長のタイプによると思いますが、僕は〝1人の頼れる右腕〟を育てるタイプです。機動部隊長となるNo.2が店長の下にいて、それに準ずる現場リーダーがいて…というように、組織的にお店を運営していくのが自分の肌に合っていると思いますね。
　一方、当社で〝スーパー店長〟と呼んでいるようなタイプの店長は、強力なリーダーシップを発揮しながら現場でも自ら成果を出していきます。そういう店長の下にも、5人くらい並列で〝準リーダー格〟がいるというイメージですね」

　たとえば、24時間営業・年中無休の外食・小売チェーンの店舗などでは、店長がずっと職場にいるわけにはいきません。むしろ、全営業時間で見れば、「店長がいない時間」のほうが長いかもしれません。そういう職場では、右腕がいないと回らないというのが現実でしょう。
　店長にもいろいろなマネジメントスタイルがありますが、いずれにしても安定的に職場で結果を出している店長は、たった1人で職場を切り盛りするようなことはしていません。
　企業によっては、職場にいる社員は店長ただ1人、あとは全員アルバイトというところもあるでしょう。そこで孤立せずに仕事を回していくためには、「この人がいれば安心」という現場リーダーの存在が欠かせないのです（図表59）。

図表59　職場づくりのカギはベテラン

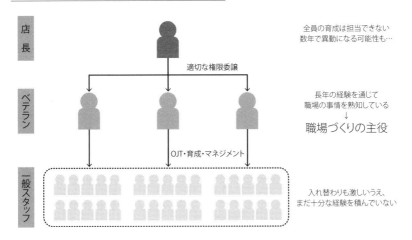

「店長がいなくても(別の店長になっても)しっかり回る職場」を意識してつくる

「ベテランによる育成」の比率が最も高い

　さらに、店長（＝社員）には「異動」がつきものです。別の職場を任されることになったり、本部勤務になったりと、いつかはいまの職場を離れるときが来るかもしれません。店長が変わった瞬間、職場がダメになるようでは、本人にとっても、スタッフたちにとっても幸せなことではないですよね。その意味でも、ずっといてくれそうなベテランの存在は貴重です。

　なお、どれくらいの期間働けばベテランと呼べるかについては、職場によってかなりまちまちだと思いますが、本書のこのあとの分析では、各社の調査対象スタッフのうち、就業期間が上位約50％以上（企業別に微調整）の人を**ベテラン**と定義しています。

　全国チェーンを展開する外食企業で店長をしているYさんは、「社員はいつか異動するもの。だからこそ『この店長じゃなきゃダメだ』という認識

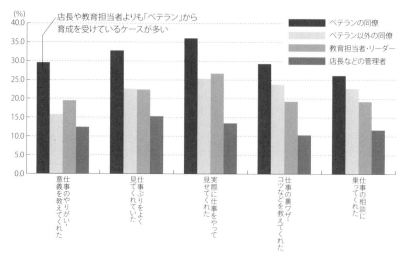

図表60 アルバイト育成の「影の主役」は?

出所:中原淳・パーソル総合研究所(2015)「アルバイト・パートの採用・育成に関する実態調査(離職者編)」(n=2,926)

がスタッフに広がりすぎるのは危険」と言っていました。会社のルールとしては、社員がアルバイト教育を担当することになっているものの、彼はあえてベテランのパートさんにも新人教育を手伝ってもらっているそうです。

人材の育成も現場に任せられるようになれば、「職場づくり」の好循環は一気に進みます。まさに「他者を通じて物事を成し遂げること」の典型でしょう。

しかも、ベテランによる育成にはそれ以上のメリットがあります。研修やマニュアルなどの教育手段が手厚く用意されている職場もありますが、アルバイト育成のカギを握っているのは、なんといっても現場でのOJTにあるからです。

では、アルバイトは一体「誰から」最も学んでいるのでしょうか? 図表60のデータをご覧ください。

この調査結果を見ると、アルバイトはベテランスタッフから多くを学んでいるという実態が浮かび上がります。店長より比率が高いのはいいとし

ても、教育担当者よりも数値が高く出ているのは驚きです。これもまたインフォーマルリーダーの重要性を示す証拠の1つだと言えるでしょう。

　スタッフ育成を促進する観点でも、やはりベテランスタッフのリーダー活用を真剣に考えるべきです。

> POINT
> ☐ 真のマネジャーとしての店長は「右腕」となるスタッフを育てている
> ☐ ベテランの「インフォーマルリーダー」がアルバイト育成のカギ

TOPIC 19
「困ったベテラン」はなぜ生まれるか？

「権限委譲」による職場リーダーの育成

> **DIALOGUE**
> - 「おいおい、この資材は通路に置かないように言ったよね？」
> - 「あ、それはベテランの沢田さんですね。『前の店長のときはいつもここに置いてた』って…」
> - 「またいつもの『前の店長は…』か。沢田さんに『ここに置かないで』って言っといてくれる？」
> - 「ええっ、嫌ですよ〜。あの人、すぐに機嫌悪くなるし…」

人材の長期的な定着が望ましいことはたしかだが、あまりにもキャリアが長くなると、これまでのやり方に固執し、店長の言うことを聞かない「困ったベテラン」になってしまうことがある。アルバイト人材育成の要であるベテランスタッフを、みんなに頼られるリーダーへと育てるためには、何が必要なのか？

「頼れるベテラン」と「やっかいな古株」は紙一重

人手不足で困っていると、どうしてもキャリアも長く、職場のことに精通したベテランスタッフに頼りがちになります。そうしたスタッフがいてくれることはありがたいのですが、あまりにも特定の人頼みになってしまうと、職場には深刻な歪みが出てきます。

典型的なのは、新しく赴任してきた店長の指示を聞かないケースでしょう。人手不足が慢性化し、「みんなに頼られている」のが当たり前になったベテランは、職場の改革を極端に嫌がり、これまでの状態を維持しようとします。以前に少し触れたように、新人が入ってくると「自分のシフトが減らされるのではないか」と危惧して、あえて無視するなどして新人を潰そうとする人もいます。
▶TOPIC 16／137ページ
　店長より年齢もキャリアも上だったりすることがあるので、店長もスタッフも注意できないまま時間が流れると、職場の雰囲気がどんどん悪化していきます。先ほど見たような、ネガティブな意味での「仲良しグループ」化が進むと、スタッフのモチベーションはさらに低下し、結果として離職率が高まることになります。

店長と対立するベテランは、去っても仕方がない

　前項で見たとおり、ベテランスタッフはアルバイト育成の要（かなめ）です。とくに、新しく店長として赴任した場合などは、そうした古参（こさん）のスタッフの協力を得ることは欠かせません。
　新人や中堅を積極的に育ててくれるリーダー的存在がいてくれれば、職場環境は飛躍的によくなりますが、逆にベテランが〝職場のガン〟になっているときは悲惨です。「人が足りない→慌てて採用→育成しない→すぐ辞める→また足りない…」という負のスパイラルが加速し、店長は窮地に立たされることになります。
　次ページの図表61を見てわかるとおり、ベテランスタッフが現場に対してどのような態度をとるかによって、スタッフの継続意欲は非常に大きく左右されます。威張り散らしている古参のスタッフがいると、現場の士気がぐっと押し下げられることがわかります。
　さまざまな知見の蓄積があるベテランが去ってしまうのは大きな痛手ですが、店長として、時にはしっかりと注意したり、場合によっては職場を去ってもらったりせざるを得ないこともあるでしょう。

図表61　ベテランの態度がスタッフの継続意欲に与える影響

	仕事を続けたい （継続意欲）
ベテランスタッフから、 ほかのメンバーと平等に 接されている	★★ (.376)
ベテランスタッフから、 高圧的な態度をとられる	— (-.265)

アルバイト育成の現場ではベテランの影響度がきわめて高い

対象：就業期間の長さで各企業下位約50％のスタッフを非ベテラン層として集計（n=3,819）
注：数値は回答「働き続けたい」との相関係数（0.25以上：★★／0.2以上0.25未満：★／負の相関：—）。ともに1％水準で有意
出所：中原淳・パーソル総合研究所（2016）「アルバイト・パートの採用・育成に関する実態調査（スタッフ編）」

「店長とベテランの会話」に現場スタッフは敏感

　巻末の店長座談会に登場いただいた店長さんたちも、この点にはとくに敏感になっていました。ここは彼らの発言を読んでいただくのがいちばんでしょう。じつに生々しいエピソードです。

「ベテランさんが話をわかってくださる方であればいいんですが、そうでないときも多々あります。その方はいままで自分が頼られてきたわけで、その地位が脅かされそうになると気分を悪くしたりするんです。でも私は、そういう人の権力を、できるだけなくしていこうという方針です。新しく採った人などに、そのベテランさんがやっていた仕事をいきなりやらせる。それが気に入らないベテランは辞めるか、こちらの言うことに耳を傾けてくれるようになります」

　ここまで過激ではないにしても、「ベテランに注意するときは、あえてほ

かのスタッフの前で叱るようにしている」という店長さんもいました。ただし、この店長さんは、そのベテランを公然と注意する前に呼び出し、「この件について、今日の朝礼のときに注意させていただきます。ただしこれは、ほかのスタッフにも同じミスをさせないようにするという目的があってのことですので、どうかご理解ください」と伝えているそうです。

それくらい、店長がベテランスタッフにどう向き合うかは、ほかのスタッフや職場全体の空気を大きく左右するのです。「言うべきことは毅然と言う」といった覚悟はやはり必要でしょう。

長期ビジョンを与えないと、職場のことを考えなくなる

それでは、いま中堅として活躍しているスタッフが、いずれ自分の立場を守ることしか考えない「やっかいな古株」になるのを防ぐには、どうすればいいでしょうか？　職場全体をよくしようとするインフォーマルリーダーを育成するには、店長としてどこに注力していくべきでしょうか？

次ページの図表62を見る限り、「ウチはそもそもリーダーが育つほどの余裕がない」という言い訳は通用しなさそうです。

というのも、貢献意欲の「高い／低い」でベテランスタッフを分けてみたところ、仕事の忙しさの部分ではそれほど差は見られないからです。

一方、大きな差が出たのが「成長に応じて報酬が上がる」「長期的なキャリアについて上司と話す機会がある」「上位の職階へのステップアップが推奨されている」などです。

要するに、長期的な展望が見える働き方ができている人ほど、ベテランになったときにも職場に貢献しようという気持ちを持つということです。裏を返せば、何もビジョンを与えないまま、目の前の仕事ばかりをこなさせていると、その人材は将来的に「ガン化」する可能性が高まるとも言えるでしょう。

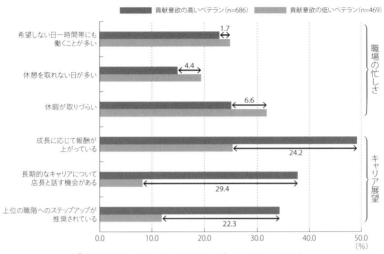

図表62　ベテランの貢献意欲に影響する要因

「今後どうなっていくか」の見通しがはっきりしていると
ベテランは「職場に貢献しよう」という意欲が高まる傾向がある

出所：中原淳・パーソル総合研究所（2016）「アルバイト・パートの採用・育成に関する実態調査（スタッフ編）」

「大胆な権限委譲」こそがリーダー候補育成のカギ

　さらに調査からわかった最もシンプルな処方箋は「思い切って責任ある役割を与えること」です。

　将来的にリーダーとして活躍するスタッフを育てたいのであれば、中途半端に仕事を任せるのではなく、ある程度のまとまった仕事を手渡し、権限委譲する大胆さが求められます。

　これは店長としてもリスクを引き受けることになります。いくら裁量を与えるといっても、最終的な責任は職場の管理者である店長にありますから、ミスが出てもアルバイトのせいにはできません。「もしトラブルが起きれば、いつでも支援する」という覚悟がなければ、なかなかできないことです。

　しかも、心配だからといって、途中で細かく口出ししたり、進捗を確認

したりしては、意味がありません。それではかえって「任されていない。信頼されていない」という想いを生んでしまい逆効果だからです。ベテランスタッフの貢献意欲を高めたければ、「店長がこの部分は自分に任せてくれている。責任感を持ってやり遂げよう」という気持ちを持たせることが何よりも肝心なのです。

　ある運送業のマネジャーKさんは、リーダー候補のベテランスタッフを育成するために、毎日、何人かのベテランスタッフたちに「お互いの褒めるべきポイント」をメールで報告してもらっているそうです。こうすることでそのベテランは、日頃からスタッフたちの働きぶりをよく観察するようになり、人材育成や職場貢献に意識が向かうようになります。Kさんからも必ず報告メールにはコメントをつけて返信し、とくにすばらしいものについては職場全体に共有するようにしているそうです。
　「店長と二人三脚で職場をつくっている」という実感をベテランスタッフに持たせ、積極的に将来の「右腕」を育てているという点で、Kさんのやり方は非常にうまいと思います。

「リーダー＝重たい仕事」と思わせない工夫

　スタッフの中には「自由に働きたい」という価値観の人もいますから、こちらがよかれと思って仕事を任せても、嫌がられる場合もあるでしょう。とくにアルバイトをしている人のなかには、大きな責任を負うことを嫌う人は比較的多いと思います。
　学生バイトを多く抱えるある飲食店の店長Sさんのところでも、「右腕」候補として大きな期待をかけていた1人のアルバイトから、「大変そうだし、自分にはリーダーは無理です」と言われてしまったことがあるといいます。
　それ以来、Sさんは「お客さんに対しては全員で責任を取る」という雰囲気を職場につくり、リーダーをあまり際立った存在にしないように気をつけるようにしました。リーダーの仕事のハードルを下げ、複数の人がゆ

るやかにリーダーを務める状況にすることで、スタッフたちも「これくらいの仕事であれば、できそうなのでやってみます」と言ってくれるようになったそうです。

> POINT
> ☐ ベテランが「やっかいな古株」になると、全体にも負の影響を与える
> ☐ 貢献意欲の高いベテランには「長期的なキャリア展望」がある
> ☐ ベテランに対しては、思い切って責任ある役割を与える

TOPIC 20
結局、「優秀な店長」はどこが違うのか？

マネジャーとしての3つの仕事

> **DIALOGUE**
> 👤「駅の向こうのコンビニ、雰囲気がよくなったよね」
> 👤「店長が変わったらしいですよ。やっぱり店長次第ですよね！」
> 👤「ん？　…何が言いたいの？」
> 👤「え？　何も言ってませんよ」

「あの店長は優秀だ」と言われるとき、それはどんなことを意味しているだろうか？　もちろんこれに対する答え方は十人十色だ。しかし、結果を出している店長たちの考え方には、いくつか共通点がある。その根本にあるたった1つの発想と、マネジメントに関する3つのポイントを見ていこう。

店長の課題は「売上」よりも「育成」

店長が「他人を通じて物事を成し遂げるマネジャー」へと移行するうえで必要な**職場リーダーの育成**というテーマについてこれまで考えてきました。本当に優秀な店長は、1人で奮闘するのではなく、自分を助けてくれる人材を育てています。

ただ、「優秀な店長」とひと口に言っても、そこにはさまざまな含みがあります。社内で「××店の○○店長は優秀だ」などと言ったりする場合は、一般的に尺度とされるのは売上や利益でしょう。

しかし、私はあえて言いたいと思います。店長としての成熟の要点は**人の育成**にある、と。店長の仕事の核心は、どれだけ人を育てられるかなのではないか、と。

この点を強調するのは、私が人材開発を専門としているからだけではありません。店長座談会をしたり、いろいろな店長の方に直接お話を聞いてみたりするなかでも、彼らの悩みのほとんどは「人」に関わるものでした。これについて、ある店長さんはこう答えています。

「チェーン店の場合、業績を左右するメニューとか戦略って、すべて本部が決めてしまうので、店長としてできることってあんまりないんですよね。だからこそ、ちゃんと人を確保して店を回していけるかが何よりもまず大事なんです」

とても控えめな表現ですが、職場を任されている店長さんたちの等身大の感覚がにじみ出ている言葉だと思います。実際、商材やサービス内容、本社の方針、任された職場のエリアや立地にも売上は左右されるので、一店長としてはいかんともしがたい部分もあるでしょう。だからこそ、まずは人材を揃える「職場づくり」が店長の腕の見せどころになるのです。

だからと言って、売上は無視しろと言っているわけではありません。ただ、これからますます人手不足が加速していく時代、この「職場づくり」の発想を欠いたままやっていけるのは、ひと握りのよっぽど恵まれた職場ぐらいでしょう。まずは人を育てることにフォーカスし、与えられた環境のなかでパフォーマンスを最大化していくことが、マネジャーとしての店長の使命になっていくと考えるべきです。

優秀な店長がやっている「3つのマネジメント」

まずは次ページの図表63を見てください。「**優秀な店長**（ベテランのハイパフォーマー）」と「**駆け出し店長**（若手のローパフォーマー）」の違いを

図表63　店長にとっての「成長」とは？

	ベテランのハイパフォーマー店長 (n=105)	若手のローパフォーマー店長 (n=139)
年齢	47.6歳	33.7歳
スタッフの継続意欲 (5pt満点)	4.03pt	3.17pt
スタッフの離職率 (年間)	20.9%	25.1%

キャリアを積み、職場づくりに成功している店長のもとでは、
スタッフの継続意欲が高まり、離職率も低くなる

注：ベテランのハイパフォーマーは「勤続年数上位×スタッフ満足度上位」、若手のローパフォーマーは「勤続年数下位×スタッフ満足度下位」。
ただし、企業ごとに分布が異なるため、基準となる数値はそれぞれ調整
出所：中原淳・パーソル総合研究所（2016）「アルバイト・パートの採用・育成に関する実態調査（店長・マネジャー編＆スタッフ編）」

まとめています。

　優秀な店長のもとでは継続意欲、つまり「この職場で働き続けたい」という気持ちが高く出ていることがわかります。また、スタッフの満足度が低い店長のほうは、やはり離職率が高くなっています。

　さらにマネジメント方針の違いも見てみましょう（次ページ図表64）。ポイントは3つあります。

①目標を共有する

　まず顕著に差が出ているのが、目標共有の意識です。優秀な店長は、数字的な目標予算や実際の売上などをアルバイトたちに伝えています。

　逆に、駆け出し店長は、「こんな数字を現場に伝えても仕方ない」と考えて、目標をスタッフに共有することはしません。これではスタッフたちは「自分たちの働きがいいのか、悪いのか」の判断ができません。結果として、売上などを達成できていなくても、スタッフたちには改善意識が生まれないまま、店長は孤立したまま悩むことになりがちです。

　結果を出している店長は「今日の売上目標は○○円だ」などと具体的な

図表64　優秀な店長のマネジメント特性

	ベテランのハイパフォーマー店長 （勤続年数上位 × スタッフ満足度上位）	若手のローパフォーマー店長 （勤続年数下位 × スタッフ満足度下位）
①目標を共有する	メンバー個人や職場全体に対して、目標を共有しようとする意識が強い	目標の共有意識が低く、スキル・能力がつく仕事をスタッフに任せられない
②育成を任せる	入社前の段階で新人の情報をスタッフに共有。必ず自分以外の教育担当をつける	新人の教育業務を自分でやってしまう
③権限を委譲する	ベテランスタッフに積極的に権限委譲。自分の「右腕」となるアルバイトを育成している	ベテランへ思い切って仕事を任せない。マネジメント業務を自分で抱えてしまっている

「職場づくり」を怠れば怠るほど、店長はますます忙しくなり孤立していく構造

目標を共有し、アルバイト全員を巻き込んでいます。ある外食チェーンの店長Uさんが、目標共有について語っていました。

「必ず『みんなでこれだけの売上を目指そう』と共通の目標をつくるようにしています。といっても、じつはそんなにすごい目標である必要はないんです。ただ、それをちゃんと達成できたときには、心から『すごい！こんなに売れたね。みんな、ありがとう』と言って感謝するようにしています。ここで大事なのは、スタッフたちが『頑張った甲斐があって数字も上がったし、店長も喜んでくれている』と実感できることなんですよね」

ただ、このような数字目標を伝えるときには、工夫が必要です。一方的に数字を押しつけても、「それはあなたの目標であって、私たちの目標ではない！」という反発を招きかねないからです。実際、そのような失敗談を語る店長さんもいらっしゃいました。

目標を設定するときは、スタッフそれぞれの適性や能力を見て、個人のスキルアップにもつながるような仕事を与えることも大切です。そして、

「任せたこの仕事をあなたが頑張ってくれたから、お店としても売上目標を達成できた」という具合に、個人の成長と全体の成果とを〝接続〟するような説明ができるとなおよいでしょう。

②育成を任せる

　優秀な店長に共通して見られたマネジメント上の特徴の2つめが、新人教育をほかのスタッフに任せているということです。逆に言うと、新人受け入れを自分で抱え込んでしまっている店長の職場では、スタッフ満足度が低下していました。店長がつきっきりで新人教育をしようとすると、どうしても〝穴〟が出ます。それが新人の不満につながっているようです。

　また、優秀な店長は、新人に関する情報を事前にしっかりとスタッフ間で共有し、現場でのOJTがスムーズに進むように配慮しています。自分で育成しないといっても、決して「丸投げ」ではなく、入念な〝根回し〟をしているという点は特筆に値するポイントです。

③権限を委譲する

　ベテランスタッフに対する向き合い方にも違いが見られます。

　優秀な店長は、ベテランスタッフを信頼し、思い切って権限を委譲する一方で、問題行動があるベテランには厳しく注意しています。一方、駆け出し店長はベテランに業務を任せられないうえに、強く指導することもできないので、どうしても自分だけで仕事を抱えてしまい、身動きがとれなくなっています。

　このような権限委譲をできるようになるためには、思い切りが必要ですが、そうした精神論だけでは片づけられないものも求められます。それは「経験」です。ある程度の経験を積まない限り、他人に仕事を任せるという行動はなかなか取れないことがわかっています。

　人は数々の修羅場をくぐり抜けるなかで初めて、「任せた結果としてトラブルが起きても、ここまでなら自分でなんとかカバーできる」という限界が見えてくるからです。

　他方、十分な経験を積んでいない若い店長ほど、「最悪のケース」を明確

にイメージできないために、まとまった仕事を任せることを躊躇してしまいがちです。裏を返せば、単に無謀なだけの「丸投げ」と、育成効果がある「権限委譲」は似て非なるものだということ。「なんでもかんでもアルバイト任せにしろ」ということではありませんので、その点はご注意ください。

> **POINT**
> ☐ 店長の本当の仕事は「アルバイトの育成」である
> ☐ 優秀な店長は職場に数値目標を伝えて、現場を巻き込んでいる
> ☐ 目標を伝えるときには、個人の成長との「接続」を意識する

第5章のまとめ

Q. なぜ店長には「頼れる右腕」が必要か?

▼スタッフの育成を考えた場合、すべてを店長が担うよりも、職場のことを知り尽くしたベテランスタッフに任せるのが理想的です。ただ現場を回すだけでなく、育成も含めて任せられるような「インフォーマルリーダーの育成」が、店長の究極の仕事です。

Q.「困ったベテラン」はなぜ生まれるか?

▼成長実感をしっかりと与えずに就業期間ばかりが長くなると、「困ったベテラン」が生まれてしまうことがあります。長期的なキャリアについても定期的に話し合いながら、大胆に権限を委譲するなど「信頼」を見せることが大切です。

Q. 結局、「優秀な店長」はどこが違うのか?

▼ポイントは「育成」にフォーカスできるかどうかです。すべて自分でやろうと抱え込まずに、①スタッフと目標を共有しながら、②ベテランに新人育成を任せ、③まとまった仕事を積極的に任せるマネジメントスタイルが求められています。

第 **6** 章

アルバイト育成の未来へ

[シニア活用]

世界でも例を見ない高齢化をたどる日本。2025年には、日本人の平均年齢が50歳に達し、2042年に高齢者人口がピークを迎えるというデータもあります。人々が健康に働ける期間はますます伸びていくでしょうし、社会保障などへの不安から、定年退職後にも働き続ける人は今後も増えていくと予想されています。アルバイト不足の時代、「シニア人材の活用」にはまだまだ大きな可能性が眠っています。シニア人材をいかに採用し、いかに育成するか？ 調査データに基づきながら考察していきましょう。

TOPIC 21
シニア人材を
どう活用すべきか？
アルバイト人材のブルーオーシャン

> **DIALOGUE**
> 👤「来週から新人がシフトに入るから、いろいろ教えてあげてね」
> 👤「はい！ ビシビシ鍛えていきますよ。どんな人ですか？」
> 👤「おとなしい感じの男性だよ。年齢は62歳だったかな」
> 👤「えええっ、60代‼ 仕事、教えられるかな…」

今後、高齢者人口は年々増加していく見通しだ。そんないま、アルバイト不足の解消の糸口として、注目を集めているのがシニア層の活用だ。シニアはどんな仕事、どんな働き方を求めているのか？ シニアのニーズを探る。

それでも働き手は減っていく…

ここまでお伝えしてきた「入口対策」と「出口対策」を十分に進めたとしても、よりマクロなレベルで人手不足は進んでいきます。日本の生産年齢人口（15〜64歳の人口）の減少が起こることはかなり確実な未来ですから、政府レベルでもいろいろな対策が打ち出されています。減っていく働き手をどう補うかということについて、一般的に考えられる対策は次の4パターンです。

①女性の働き手を増やす
②シニアの働き手を増やす
③外国人の働き手を増やす
④生産性を高める

　このうち、店長が職場で実質的に取れる対策は、②や③でしょう。「①女性人材の活用」についてはアルバイトは比較的進んでいますし、「④生産性の向上」については職場での努力では限界があります。
　また、「③外国人人材の活用」については、都市部など限られたエリアではかなり一般的に見られるようになりましたが、全国的に見るとまだまだこれからという領域です。接客の現場などでは言葉の壁があったり、マネジメントにおいても相手の文化に応じた工夫が求められたりと、この点については将来的な調査・研究の余地があります。

これから増える「シニア人材」の秘められたポテンシャル

　一方、「②シニア人材の活用」は（もちろん職種や業態にもよりますが）店長が避けては通れないテーマになっています。そこで、アルバイト人材としてのシニア世代について考えてみることにしましょう。

　2035年には、日本の人口の約33.4％、つまり3人に1人が65歳以上になると言われています。しかし、今後は「高齢者になってからも働き続ける人」も増えていくと予想されています。次ページ図表65上段のデータは、全国の60歳以上の男女に「何歳ごろまで仕事をしたいか？」を尋ねた結果です。
　なんと「いつまでも働きたい」と答えた人が約30％もいます。さらに、約66％の高齢者が65歳を超えても働きたいと考えていることがわかります。これは国際的に見ても高い水準で、「今後も収入の伴う仕事をしたい（続けたい）」と思っている日本の高齢者の割合は、アメリカやスウェーデンを上回り、ドイツに至っては倍近くの差で上回っています。

図表65　シニア人材の就業意欲

約66%のシニアが65歳を超えても働く意欲を持ち続けている

対象：全国60歳以上の男女（n=1,999）
出所：内閣府（平成25年度）「高齢者の地域社会への参加に関する意識調査」より作成

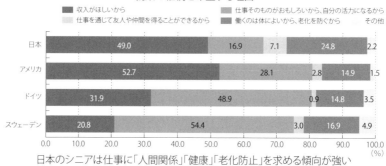

日本のシニアは仕事に「人間関係」「健康」「老化防止」を求める傾向が強い

対象：60歳以上の男女（日本n=1,800／その他各国n=1,000）
出所：内閣府（平成27年度）「第8回高齢者の生活と意識に関する国際比較調査」より作成

　これにはいくつかの理由が考えられますが、1つは収入を得るためでしょう（図表65下段）。いま検討されている年金支給開始年齢の引き上げが実現すれば、アルバイトを含めた仕事を続けるシニアは確実に増えます。

　一方で、純粋に経済的な不安以外にも、「健康のため」「老化防止のため」「社会との接点を持ち続けるため」といった理由で、働きたいと思っているシニアも多くいます。店長としては、経済面以外のこうしたニーズも念頭に置いておくことが必要でしょう。

　ここまで意欲の高いシニア人材を活用しない手はありません。とはいえ、アルバイトの世界ではシニア活用について、さほど知見が蓄積されているわけではありません。シニア世代のアルバイトが活躍している職場・企業もありますが、まだ成功例はひと握りです。

図表66 シニア人材がアルバイトに興味を持つ理由の変遷

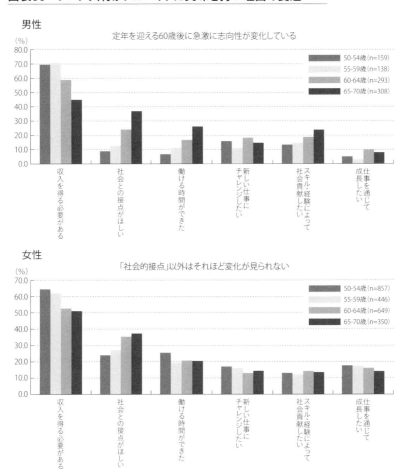

出所:中原淳・パーソル総合研究所(2015)「アルバイト・パートの採用・育成に関する実態調査(求職者編)」

　学生・主婦・フリーターなど、多様な人材が入り混じって働くアルバイトの職場で、シニアの方々にも働いてもらうためには、どんなことが必要なのでしょうか？　まずは「採用」の面から考えていってみましょう。

　では、シニアのアルバイト求職者は、どのような関心を持ちながら仕事を探しているのでしょうか？　年代ごとの微妙な変化を見るために、50歳以上の男女のデータを見てみましょう（図表66）。

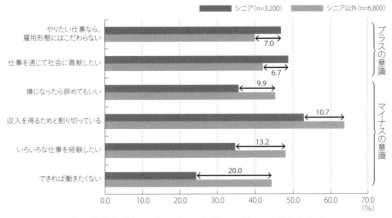

図表67 働くことに対する意識（シニアとそれ以外の比較）

ほかの世代より仕事に前向きで、ネガティブな意識がかなり低い

出所：中原淳・パーソル総合研究所(2015)「アルバイト・パートの採用・育成に関する実態調査（求職者編）」

「前向き・真面目」で「つながり」を求める

　男性は収入以外の関心、とくに「社会との接点」「時間の活用」「社会貢献」などが年齢を重ねるごとに高まっています。
　一方、女性の場合は、定年退職まで勤め上げる人がほとんどいないからなのか、全体として変化は見られません。ただ、やはり「社会との接点」を求める傾向だけは、年齢が上がるほど強くなる傾向にあるようです。これらはほかの世代の関心とは大きく異なる特徴です。

　「働くこと」そのものに対する意識も、ほかの年代とは少し違いがあるようです。「50歳以上」と「それより下の世代」とで比較してみましょう。
　図表67のとおり、雇用形態よりも「やりたい仕事」を重視していたり、「社会貢献」を意識する人の割合が高く出ています。一方、若い世代や学生に見られる「仕事は嫌になったら辞めてもいい」「仕事はお金を得るための方法と割り切っている」といった考え方は、シニア層にはあまり見られま

図表68　アルバイトに求めること（シニアとそれ以外の比較）

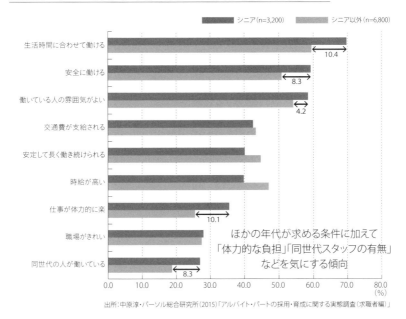

出所：中原淳・パーソル総合研究所（2015）「アルバイト・パートの採用・育成に関する実態調査（求職者編）」

せん。仕事に対して真面目かつ前向きな態度があるという意味では、シニア人材のポテンシャルはとても高いと言えそうです。

シニアに好まれる職種は？

さらに、シニア人材はどんなニーズを持ちながら職探しをしているのでしょうか？　彼らのニーズを探ってみたのが図表68です。

ほかの世代との差が顕著だったのが、ギャップの数値を示した項目です。「安全に働きたい」というニーズと同時に見えてくるのが、やはり「同世代の人が働いている」「職場の雰囲気がいい」といった人間関係に対するニーズです。これは先ほど見た「社会との接点」への関心の高さとも符合すると言えます。

図表69 シニア求職者が好む仕事・避ける仕事

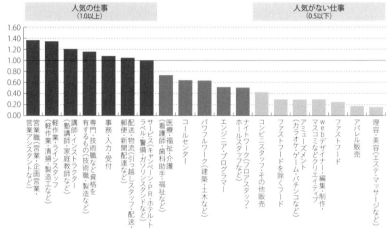

人気の仕事は「単純作業系」と「専門業種系」に大きく分かれる傾向

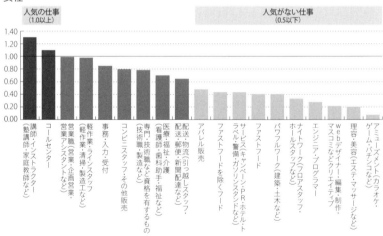

そもそも職業選択の幅が広くない。そのなかで講師・インストラクターなどが人気

対象：[上段]60歳以上男性(n=601)
　　　[下段]60歳以上女性(n=999)
注：人気度はシニア以外の志望度を1としたときの比率
出所：中原淳・パーソル総合研究所(2015)「アルバイト・パートの採用・育成に関する実態調査(求職者編)」

では、具体的にどんな仕事が好まれるのでしょうか？ 性別の差が大きいので、これも男女別で見てみましょう（図表69）。

女性の場合は、講師とコールセンターが好まれていますが、そもそも選択の幅が狭くなっている傾向があります。会社勤めだった人は少なく、専業主婦やパートをやってきた人が多いためか、そもそも職種に対するこだわりが少ないようです。

男性のほうは、どうしても「会社勤め時代にやってきたのと近い仕事に就きたい」という傾向が強く出ています。これまでの経験やスキルを活かせそうな職種が好まれており、営業や軽作業のライン、講師、技術職、事務などが人気です。逆に、コンビニやファストフードなどのサービス業は敬遠され、新しいことに挑戦したり、知らないことを覚えたりすることにストレスを感じるようです。

POINT
☐シニアの就業意欲は「将来への経済的不安」と「老化防止」が支える
☐安全で雰囲気のよい職場で、時間的に無理のない範囲で働きたい
☐同世代の人がいる職場で、スタッフとの関係性もしっかり築きたい

TOPIC 22
シニアが輝ける職場をつくるには？

シニアの離職＆モチベーション対策

> **DIALOGUE**
>
> 👤「あれ？　さっきの荷物、もう運び終わったの？」
> 👤「いや、私たちが運ぼうとしてたら、川口さんが手伝ってくれて…」
> 👤「川口さんは60代だし、さすがにきついと思って君に任せたんだけどな〜」
> 👤「でも、なんだかとってもうれしそうでしたよ！」

　実際にシニアのアルバイトに活躍してもらううえでは、どんな点が課題となるのだろうか？　また、シニアの離職を防ぐためには、どのような点に気をつけながら意欲を高めていけばいいだろうか？　「シニアスタッフの育成」について考えてみよう。

体力面と人間関係でつまずくケースが多い

　シニアのアルバイトは、職場でどのような困難を感じているのでしょうか？　また、シニア特有の課題はどんなところにあるのでしょうか？　ほかの世代と比較したときに目立つポイントをまとめてみました（図表70）。シニアが感じている課題は、大きく分けると、次の3つです。

図表70　シニア人材がつまずきを感じるポイント

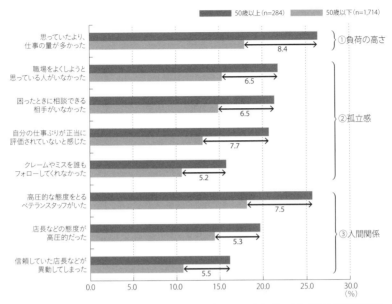

出所：中原淳・パーソル総合研究所（2015）「アルバイト・パートの採用・育成に関する実態調査（離職者編）」

①仕事の負荷の高さ

仕事の負荷の高さは、体力面で無理がきかない高齢者ならではの悩みと言えます。体力の衰えにより、以前はできた仕事ができなくなり、「想像以上に仕事量が多かった」「仕事がきつすぎる」と感じてしまうわけです。こうした点で本人が悩んでいないか、店長としてはしっかりフォローする必要がありそうです。

②孤立感

またシニアは、同世代のスタッフがいない職場だと、困ったときになかなか気軽に相談できなかったりして、孤立してしまいがちです。とくに定年退職までバリバリと働いていた男性などは、仕事に対するプライドも高く、店長がしっかりと評価・フォローをしないと孤立感を強めてしまうようです。「社会との接点」を求めて働くシニアアルバイトならではの課題と

も言えるでしょう。

③店長やベテランスタッフとの人間関係

　人間関係の点でも、一定の難しさはあります。自分よりも年下の店長やベテランスタッフに囲まれているため、高圧的な態度をとられると素直に従えなかったり、わからないことがあるのに恥ずかしくて質問できなかったりというケースがあります。

　こうしたミスコミュニケーションがきっかけで、店長やベテランとの確執が生まれてしまうと面倒なことになりかねません。育成のステップにおいては、年齢に関係なく、言うべきことは言わなくてはなりませんが、相手を年長者として敬う態度も欠かさないようにしましょう。

「特別扱い」はされたくない

　シニアスタッフを受け入れるうえで、店長や現場が何よりも戸惑うのが、コミュニケーションのとり方でしょう。冒頭のダイアログのように、年上の人に一から仕事を教えることになったとき、戸惑いを覚える人は多いように思います。シニアがどのような関係性を職場で求めているのか、データを見てみましょう。図表71は、シニア層の継続意欲（働き続けたい気持ち）と関係性が見られた職場の特徴です。

　トラブル時にフォローがあるかを気にしている（1位）のは、「新しい仕事を覚えること」に対する不安の表れでしょう。このあたりは、周りの人間がしっかりとフォローをする姿勢を見せていくことが大切になります。

　もう1つ興味深いのが、「ほかのスタッフとの公平性」（2・3位）を求めているという点です。店長やベテランがへんに遠慮して他人行儀に接したりしていると、シニアスタッフは孤立してしまいます。「年齢に関係なく平等に接してもらいたい」「仕事ぶりに見合った評価をされたい」という気持ちを持っている方が多いことは気に留めておきましょう。

図表71　シニアが働き続けたいと思える職場

順位	特徴
1位	ミスが発生したときは、ほかのスタッフから十分なフォローがある
2位	ベテランスタッフから、ほかのスタッフと平等に接されている
3位	店長から、ほかのメンバーと平等に接してもらえている
4位	店長から、仕事ぶりに見合った評価を受けている
5位	よい仕事をしたときは店長から褒められている
6位	店長と一緒に個人的な仕事の目標を設定できている
7位	店長やスタッフと、プライベートな話をよくする

シニアの継続意欲（働き続けたい気持ち）は
「周りからの十分なフォロー」と「公平性」がカギ

注：回答「働き続けたい」を従属変数とした重回帰分析の標準化回帰係数の値のうち上位を抜粋して掲載。
統制変数は性別・企業をダミー化して投入
出所：中原淳・パーソル総合研究所（2016）「アルバイト・パートの採用・育成に関する実態調査（スタッフ編）」（n=1,567）

人は何歳になっても「仕事を通じた成長」を求めている

　では、シニア層に高いモチベーションを持って働き続けてもらうためには、どのようなマネジメントが効果的なのでしょうか？　次ページの図表72ではシニア層の貢献意欲を高める要素について分析してみました。

　結論から言えば、この点についてはほかの世代と大きな差はありません。スキルや能力が身につくような仕事、つまりストレッチゾーンに属するような少し背伸びするくらいの仕事を店長から任されることで、シニアスタッフの意欲は高まっています。
▶TOPIC 17／143ページ

　応募の段階では、新しい仕事を覚えられるか不安に思っているシニアはかなり多いのですが、実地で働きはじめるや、積極的に自分が成長できる環境を求めるようになります。

　何歳になろうと、やはり働く意欲を引き出すのは、自分を成長させてくれる仕事の存在なのです。店長がスタッフを信頼し、まとまった仕事を任せると、シニア人材も「もっとこの職場に貢献したい」と思ってくれます。

図表72　シニアが貢献したいと思える職場

順位	特徴
1位	店長から、スキルや能力が身につくような仕事を任されている
2位	店長は、自分の意見を仕事に取り入れてくれる
3位	店長から、ほかのメンバーと平等に接してもらえている
4位	店長ら、責任のある役割を任せてもらっている
5位	長期的なキャリアについて店長と話す機会がある

ほかのスタッフと同様、自分を成長させてくれる仕事を求めている。
「特別扱い」は禁物だが、意見を取り入れることは重要

注:回答「職場をよくしたい」を従属変数とした重回帰分析の標準化回帰係数の値のうち上位を抜粋して掲載。
統制変数は性別・企業をダミー化して投入
出所:中原淳・パーソル総合研究所(2016)「アルバイト・パートの採用・育成に関する実態調査(スタッフ編)」(n=1,567)

　結局のところ、年上だからと特別扱いをするのではなく、一定のリスペクトは持ちつつも、平等に接する、不安な点は十分なフォローをする、そのうえで仕事を任せるといったことが、シニアのマネジメントには求められます。

POINT
☐ 負荷がかかりすぎていないか、体力面でのフォローをする
☐ 職場で孤立・対立していないかに気を配る
☐ 年上だからとあまり特別扱いはせず、平等に接する

第6章のまとめ

Q. シニア人材をどう活用すべきか?

▼人材マーケットの広がりの点からも、持っているポテンシャルの点からも、シニア人材はアルバイトの現場でも積極的に活用していくべきです。彼らがどんなことに興味を持ち、どんなことを不安に思っているのかを踏まえた求人を展開しましょう。

Q. シニアが輝ける職場をつくるには?

▼体力面や人間関係などで注意すべきところもありますが、重要なのは「特別扱い」をしないということ。人は何歳になっても、仕事を通じて「成長」したいものです。店長としても、そのニーズに応えていけるマネジメントを心がけるべきです。

[特別付録]

現役店長3名による覆面座談会

「アルバイトの人手不足」が騒がれるいま、現場ではいったい何が起きているのだろうか？　大手外食チェーン店の現場で奮闘する3名の現役店長にお集まりいただき、座談会を開催した。覆面形式ならではの〝ぶっちゃけトーク〟も飛び出した座談会の模様を公開する。

（聞き手・中原淳／2016年4月26日／都内某所）

A店長
男性。某ファミレスチェーンで店長歴13年。現在は東京都心部の店舗を担当。周りに飲食店が多く、アルバイト1人あたりの採用単価は15〜20万円。アルバイトは15名程度で、ほぼ学生。

B店長
男性。某ファストフードチェーンで店長歴7年。現在は東京郊外の店舗を担当。学生、主婦、フリーターと多様なアルバイトを抱える。

C店長
男性。某中華料理チェーンで店長歴4年。現在は東京郊外の店舗を担当。つねにギリギリの状態でお店を回しており、外国人アルバイトも採用している。

応募者は〝見ている〟

──（中原淳）近年、あらゆる業界で人手不足が深刻化していますが、とくにアルバイト不足への対策は、2パターンしかないと思うんです。入口（採用）を増やすか、出口（離職）を減らすかです。

ただ、「入口を増やす」といっても、時給を上げればいいかというと、そう簡単にはいきませんよね。今回、東大・中原研究室とパーソルグループさんとで共同調査を行ったわけなんですが、アルバイトの人手不足を解消するには、まず「よい職場づくり」が欠かせないという仮説に至りました。

この調査は、これまで行われたアルバイト・パート関連の雇用調査としては過去最大規模だと思いますが…一方で、数字とかデータって無味乾燥じゃないですか？ みなさんが働いていらっしゃる現場で実際に何が起こっているのかは、数字を眺めているだけではなかなかわからないという思いもあります。

そこで今日は、外食店の店長さんであるみなさんをお招きして、アルバイトの採用・育成について、具体的なお話をいただければと思っています。みなさんのお名前はもちろん、店舗や会社を特定できるような情報も明かさない「覆面座談会」ですので、生々しいエピソードも含めて、思う存分に語っていただければなと。よろしくお願いいたします！

A よろしくお願いします。私は某ファミレスチェーンの店長をして13年くらいになります。いまの店舗（東京都心部）を立て直すという理由で店長になったのが昨年のことです。この店舗の特徴は、採用がとにかく苦しいことでした。ご存じのように、このエリアは飲食店が立ち並んでいまして、アルバイト1人あたりの採用単価が15～20万円くらいです。しかも、それを1カ月使ったとしても、1人採れるかどうかという状況。いまは15人ほどアルバイトがいますが、すべて学生さんです。

──そのエリアだと近くに大学がたくさんあって学生も多いですよね。そ

れでもアルバイトが採れないというのは、競合するアルバイト先が多いのでほかの店に行ってしまうからですか？

🅐　それもありますが、時給だけでいうと、ウチは他店に比べて低いので…。ですから私にできるのは、先生が先ほどおっしゃったように「内部の環境をよくすること」だと考えています。ふだん来店しているお客さんが、将来のアルバイト応募者になる確率が高いですから、お店のイメージとか、従業員同士のやりとりも当然気をつけています。そこでいい印象を持ってもらわないと、どんどん人が採れなくなる。

──「内部の環境をよくすること」、すなわち「よい職場をつくること」ですね。私たちの調査によると、外食では、5割近い人が応募前に〝下見〟に行っているという結果が出ました。実感として、この数字に近いものはありますか？

🅐　あると思います。店長着任当初は本当に人が足りませんでしたが、いまは随分と店の雰囲気も明るくなりました。今年は多少なりとも応募者が多くなったのは、そういった雰囲気づくりに尽力したおかげもあるのかなと思っています。

続けやすい仕組みづくりを導入する

🅑　はじめまして。私は都内（東京郊外）で某ファストフードチェーンの店長をしています。

──これまで何店舗かで店長をされてきたんですか？

🅑　はい。入社自体は2005年で、いままで10店舗くらいで勤務しました。

―――10年で10店舗ということは、1年に1店舗ずつくらいですか?

🅑　1年に3店舗を掛け持ちしたりもありますね。いまのお店ではだいたい2年くらい店長をやっています。

　人材に関してはA店長さんと同じで、いまのお店はもともと伝統的に「人が集まりにくい店」と言われていました。去年は売上があまりよくなかったこともあり、人手不足感は少し落ち着いていましたが、「(シフトに入れなくて)稼げないから辞めます」という人が多かったです。ほかのチェーン店舗に応援を要請してアルバイトさんを融通してもらい、ギリギリOKという状況でした。

―――採用はどうですか?

🅑　今年は1カ月に1回のペースで募集チラシを出しています。4月末までで10名ほど採用できそうなので、徐々に回復している感じですね。

　シフトの体制も、フルタイムでなくても時間限定や曜日限定というかたちでもよいというようにゆるくしました。店舗の主力となる人材を流出させないようにするなど、「辞めるメリットが少ない状況」をつくるようにしています。

外国人アルバイトを戦力にすることへの課題

🅒　今日はよろしくお願いします。私は2010年に入社して現在7年目で、3年目に店長を任されました。場所は同じく東京郊外エリアです。

　会社は毎年新卒を採ってはいますが、出店数を加速させ続けているので、店長が毎年30人くらい必要になります。アルバイト人員も足りていませんが、それ以前にかなり深刻な〝店長不足〟の状態ですね。

―――人手不足ということで、外国人の労働力に目を向けようという動きが

ありますが、実際にはどうなのでしょう?

🧑 ウチの店舗では、最近は外国人留学生が増えていますね。最初は中国人が多かったんですが、最近はベトナム人、ネパール人といった、過去にあまり来なかったような国からの留学生からの応募が多くなっています。逆に、日本人の応募はすごく減っているなと。外食の仕事はイメージがつらいというのと、時給のいいほかの店に行くなどで、ちょっと敬遠されがちかなと思います。

たしかに外国人でカバーできている部分はありますが、日本語を教えるなど別のところに教育時間と費用がかかってしまうという悩みもありまして…。ひとまず面接で日本語がちゃんとできるかどうか確認してから採るようにはしていますが、私の会社はけっこうキツキツな状態ですので、店長である自分も教育になかなか関われていないというのが悩みになっています。過去に日本語ができない人を採ってしまったこともあるんですが、そのときは大変苦労しましたね…。

——どのような日本語レベルの外国人さんが来るんですか?

🧑 実際にお店に立ってみても、「いらっしゃいませ」すら小さい声でしか言えない人とか、日常会話がスムーズにできないような人も来ます。日常会話のやりとりができないと、接客は厳しいですから…。

あるアジア系の女性を採用して、ホールで働いてもらったことがあるんですが、彼女は日本語が厳しかった。注文をとるときも最初はつきっきりでやったんですが、私の店は昼の繁忙時でも5人という少人数で回さないといけないので、つきっきりの指導にも限界があります。

——僕の大学の近くのコンビニもほとんど外国人の方がアルバイトスタッフをやっていますね。先日、おでんを注文しようとしたんですが、おでんの具の名前が伝わらないことがありました。それも仕方のないことだと思います。「はんぺん」とか難しいじゃないですか。「これとこれ!」という

感じで指差して、買いましたね。

🔵 これは会社全体の悩みでもありまして、外国人に日本語を少しでも覚えてもらうために、最初に1時間くらいですが研修に行ってもらいます。そのあと、実際に勤務に入ってもらうというシステムです。

── 外国人の方が増えているというのは、ほかの店長さんはどうでしょうか？

🔵 ウチのような都心部ではとくにですが、募集をかけたときに応募してくる人の半分以上は外国人ですね。ですが、いま私の店舗では外国人アルバイトは採っていません。私が着任したときは、外国人アルバイトの比率は半分くらいでしたが、これをゼロにすることからスタートしました。
　過去に外国人を採用していたこともあるのですが、外国人は採りやすい反面、たとえば中国人のアルバイトが増えていくと、日本人の従業員とのあいだに心理的な「壁」みたいなものができることがあるのです。その壁をいかに取り除くかが課題になります。

── 「壁」ができるというのは、どんな感じなんですか？

🔵 たとえば休憩のとき、中国人同士は当然中国語で会話をします。そこに日本人の学生の子が1人いるとすごくアウェーに感じて、疎外感を抱くという話を聞いたので。

── そういうことが起こるのですね。

🔵 いろいろ苦労した結果、サービスの面では、日本語の細かいニュアンスがわからないために起きていた苦情はなくなりました。日本のサービス業では、お客さんの要望に対してどうすればいいかを考えるところ、「空気を読む」的なところが求められることがあります。言われたことだけをそ

のまま受け止めると、これは難しいようです。

――日本のサービス水準は高いですからね。高いサービス基準はたしかに大切なのですが、あまりにも高いレベルを求めすぎると、今度は人手不足問題に対応できなくなってしまいますね。

新店長は〝徐々に〟自分色を出したほうがいい

――アルバイトさんの採用で気をつけていることはありますか？

🅐 店としては固定時間で入ってくれたり、曜日が決まっているほうがありがたいですが、学生さんをそれで縛ってしまうと辞めてしまいます。あとはやはり友達を紹介してもらうということですね。

――今回の調査でも、「人づて採用」は有効だという結果が出ているんです。でも一方で、学生さんは1人辞めると、ほかの子も立て続けに辞めてしまう傾向があるという話を聞いたことがあるんですが。

🅐 1人辞めてほかの人に「しわ寄せ」がいくという状況になると、そうなるかもしれませんね。

🅑 ただ、やっぱり友人紹介での採用が離職率も低いですし、有効だと思いますね。やたらめったら人を紹介してもらうというわけではなく、店長目線で「この人の紹介なら大丈夫だろう」と、ある程度信頼の置ける子に紹介してもらうのがいいですね。逆に、「できれば早く辞めてほしいな」と思っているアルバイトさんに限って、「友人を紹介したいんですが」なんて言ってきたりして、正直困ることもあります（笑）。

🅐 あとは「店長が変わったので辞めます」という人もいますから、まず

はそこを引き留めるところからはじめて、さらに、店の雰囲気や店舗のレベルをしっかり確認してから自分なりのやり方を浸透させていこうと思っていました。

ですから、まず店にいるアルバイトさんをよく観察して、ある程度理解してから新しい人を採用しています。

🅒 私もそうですね。少人数だからこそ、個人個人のことをよく知っていかないと回らなくなってしまいます。私の会社では採用の判断も本社がやるので、店長が勝手に募集をかけることはできませんが、なるべく友人紹介などをうまく使うようにしていますね。

🅐 店長が変わると店の雰囲気も変わりますから、前の店長に採用されたアルバイトさんが「前の店長はこうだったのに」という不満を抱きやすいんです。その結果、「合わないので辞めます」みたいなこともありますよね。

──それは一定の確率で起こっちゃうんでしょうね。

🅒 そうですね、あると思います。ですから、まず自分の考えを伝えてみて、その子が受け入れてくれるかどうかが大事なのかな。

🅑 私は最初はなるべく前任者のやり方に合わせるようにしています。そのあと、徐々に徐々に自分のやり方を入れていく感じですね。

🅐 最初から自分の考えを押しつけちゃうと、大変なことになりますよね。まずはリーダー格の人やベテランの主婦の方に話を聞いて、「ああ、前の店長さんはこうやってたんだ。そこはそれでいいね」と認めながら、「これどうかな？」「こうやったらよくなるんじゃないかな？」と少しずつやっていくほうが、のちのち〝自分のカラー〟を出していきやすいですね。ですから、自分の色を出すまでには時間がかかります。1カ月じゃ終わらない。せめて2〜3カ月経たないと変わらない。

🅐　逆に、私は「着任1カ月以内には自分のカラーを出す」というようにしていますね。そうしないと自分が「食われちゃう」ので（笑）。

——店長でも「食われちゃう」んですね。

🅐　大学生は3年くらいになるとゼミがはじまったり就活に入ったりしますから、実質的にはそれまでの1〜2年しか働けません。そう考えると、とにかく早い段階から勝負を打っていく必要があります。学生さんが働ける期間は正味1年。その1年で限りなく輝いてもらうためには、遅くとも3カ月くらいで戦力になってもらわないと厳しい。最初の1カ月はシステムや人になじむ期間で、そのあとから徐々にスキルアップしてもらうというイメージです。

リーダー格、ベテランアルバイトと店長とのパワーバランス

——調査では、さまざまなことがわかっていますが、店舗にいる「インフォーマルリーダー」の存在も浮かび上がってきています。インフォーマルリーダーとは、店長のようにフォーマルなリーダーではなく、アルバイトやパートのなかにいる「非公式の右腕人材」のことですね。新しく店長として赴任した方の多くが、「長く勤めているキーマンのアルバイトさんをどう掌握していくかがキモだ」と言っていますが、実際どうでしょう？

🅐　私の店は社員が私1人しかいないので、アルバイトを大事にしないと店がそもそも回らないんです。ですから、とくにリーダー格やベテランの主婦の方は大事にしていますね。私も最初は、前任の店長、もしくは長く働いているバイトさんから話を聞くようにしました。

「こうやったら効率が上がりますよ」ということを、最初にリーダー格の人に話してみると、「あ、いいですね、じゃあ、さらにこうやったらどうで

すか？」とアイデアをくれることがあります。そうなってくると、「やった！」という気持ちになります。

——リーダー格にまず相談していくというスタイルですね。

🧑 新しく着任したときは、そういう人と仲良くできないと全部崩れてしまい、1からすべてやり直しになりますから。

——前任の店長からの引き継ぎはあるんですか？

🧑 アルバイトに関する引き継ぎは、「この人はこれが得意」「この人はこういう性格」などそれぞれあります。私の店はアルバイトが20人くらいなので、「この人がリーダー格」「この人はちょっと気をつけてね」など引き継ぎを参考に観察し、様子を見ながらですね。店長が変わったとき、最初はアルバイトさんって「本性」を隠すんです。

——「引き継ぎの話と違う！」ということが最初はある？

🧑 店長ごとにやり方も変わるんで、それに疑問を持って嫌になってくるアルバイトさんもいると思います。でも、自分の色を出すためにいろいろ工夫してやっていけばなんとかなるだろうと、あまり難しく考えずにやるようにしています。

🧑 リーダーさんが話をわかってくださる方であればいいんですが、そうでないときも多々あります。リーダーさんはいままで自分が頼られてきたわけで、その地位が脅かされそうになると気分を悪くしたりするんです。
　でも私は、そういうリーダーさんの権力を、できるだけなくしていこうという方針です。新しく採ったばかりの人に、リーダーさんがやっていた仕事をいきなりやらせる。「リーダーさんじゃなくても誰でもできるんですよ」という雰囲気にしていくと、それが気に入らないリーダー格の人は辞

めるか、こちらの言うことに耳を傾けるようになります。なるべくピラミッド構造にならないように、「そんなところで威張らなくてもいいんだよ」とわかってもらうようにしますね。

　店長が人手不足で困っていると、労働時間の部分でも仕事の幅でも、どうしても「できる人」に頼ってしまいがちになります。すると、その人なしでは、店が回らなくなってしまいます。それはあまりよろしくない。1人のスタッフの気分で店が左右されることをなくしていこうということです。

ほしいバイトリーダー、いらないバイトリーダー

🅱　リーダー格のアルバイトが原因で、辞めていく新人って意外に多いですよね。ですので、その人の権力を削ぎ落とすように、仕事を少しずつ減らしていくなど気をつけています。店になくてはならないリーダーと、ガンになっているリーダーがいますから。

　学生さんのリーダーと主婦のリーダーとでは、主婦の方のほうがこちらの意見を尊重してくれます。その店で何年も勤めている方だと、辞めてしまうとほかの店で新入りとして働かなければなりませんし、年齢的にも仕事を探しづらいというのがあるからかもしれませんね。一方、学生さんやフリーターだと、なかなか言うことを聞いてくれないし、気に入らないとすぐ辞めちゃいます。

🅒　たしかに主婦の方は協力的ですね。逆に、前の店では私の1つ年上のベテランフリーターが私と対立して辞めてしまいました。それまでの自分の考え方を完全に押しつけてやっていくタイプでしたが、私のやり方と合わなかったんですね。長期間働いてくれて助かってはいましたが、店の雰囲気にとってはあまりよくなかったので、辞めてもらって正解だったなと思っています。

🅱 そうですね、手術みたいなもので、当然痛みは伴うんですけど、先のことを考えると辞めてもらったほうがいい。別の人の陰口を言ったり、自分の気に入った人だけかわいがったり、派閥をつくってほかの人は放置したり…。そういう人がいると、新人さんが入りづらい環境になってしまいます。

――店長は、痛みを覚悟して「店の大手術」をしなければならないときもあるのですね。

🅱 新人があまりにも成長してしまうと、自分のシフトを減らされるのではないかと危惧(きぐ)する古参のアルバイト、リーダーもいますね。「育てるといずれ自分に不利益をもたらす」と考えるわけです。たとえば、昼の時間がきついので1人採用するとします。その時点で仕事が10あるのに、8しかできていないからもう1人増やすわけなんですが、結果として12くらいになって2余ってしまう。すると、元からいた人は「自分が稼げなくなる」と考えるんです。だから、ベテランのなかには「人が慢性的に足りていないほうが、自分が頼られるので心地いい」という人がけっこういると思います。

🅐 ちょっとうらやましいですね。ウチは少人数でいつもカツカツなので、ベテランのリーダーには逆に「いつもごめんなさいね。またこの時間、入ってください」とお願いばかりしている状況なので（笑）。営業時間が朝4時までなので、できるだけ事前に連絡して、なんとか調整しています。

新人アルバイトをどう育てていくか

――アルバイト育成という観点でいくと、先ほど新人さんの戦力は1にはならないという話が出ましたが、最初は0.1くらいですか？

🅐 そうですね、0.1とか0.2くらいです。

——そこから少しずつ能力を伸ばしたり、仕事の経験を積ませたりするときのコツはありますか？

🧑A 最初は負担になるのは前提ですが、先のことを考えると新人さんをとにかく入れて育てていかなければいけません。ですから、新人さんにいかに「私は足手まといだ」と疎外感を感じさせないようにするかに気をつけています。

——店長さんがいないときは誰かに頼むんでしょうか？

🧑A リーダーやベテランに任せるということになります。リーダーには、「これまでは仕事ができることで認められていたけれど、これからは新人さんを育てることがあなたの評価になるんですよ」と役割を教えています。

🧑C 新人さんは本当に0.1からのスタートですが、社員は私1人しかいないので、正直、ちゃんと教えられないところがあります。最初の1回はつきっきりで見るようにはしていますが、2、3回目以降は先輩アルバイトやリーダーに、「この人はこんなタイプの人だからお願いしますね」と事前に伝えて教育してもらうようにしています。教育にもっと時間をかけたいのですが、かなり時間が限られているので現実的には難しいですね。

——教育時間は何時間くらいなんですか？

🧑C 仕事をしながら40時間くらいです。それが多いか少ないかはわかりませんが、私自身は少ないと思っています。教育する専門の係がいないので、教える側も働きながらのわけです。ずっとマンツーマンで教えるというより、作業しながら教えるシステムになっていて…。これはたぶん昔からの伝統だと思うんですが、それで一人前になるかといえば、正直、中途半端なまんまというのが現状だと思います。

🅱 私のところは、通常4人で営業しているお店に新人1人が入ると、一緒に教える人も追加されて6人体制でお店を回していくというシステムになっています。お店の運営に極力関係しない、教える専門の人が追加でいるという感じです。

――専任の育成係が配属されるんですね。でもそうすると、育成コストがけっこうかかりませんか？

🅱 昔からそうやってきた会社ですから…。大丈夫と思えるようになるまで、新人さんを入れて6人で回します。

辞退されないための工夫――その場で即採用

――今回の調査で、アルバイトのかなりの割合が1カ月未満で辞めるというデータが出ました。直近3年以内に辞めた人に聞くと、半年スパンで5割が辞めています。これは実感としてはどうですか？

🅱 会社としても定着率を話題にしていまして、ウチの店に関しては1年間で辞める人は10％と、数字としては悪くないですね。

🅲 離職率はあまり考えたことがないんですが、半年で5割も辞めないと思います。1年経ったら学校を卒業しちゃう人もいるので、それを除いても、辞めるのは3〜4割くらいでしょうか。

――逆に「1カ月くらいで即辞め」という人はいます？

🅲 いますね。1回来たあとシフトに来ないので電話したら「インフルエンザです」と言われたので、「治ったら来てね」って言ったらそのまま来な

くなった（笑）。当時は私もバタバタしていたので、それもよくなかったのかな…。精神論ですが、店長としてのポジティブさを出していれば、人はもっと集まってくるんじゃないかなと反省しました。

🙂 B　最近増えているのが、面接となっても、採用してオリエンテーションの期間に「じつはほかの店に受かったのでお断りさせていただきます」と言われてしまうケースです。聞いてみると、郊外より駅前に近い店で、その種のケースがかなり多くなってきているようです。ですから、「この人なら大丈夫そうだ」と面接で判断した人は、その場で内定を出して、すぐオリエンテーションするようにしています。以前は採用・不採用の連絡は翌日にしていたんですが、いまはほぼ当日で、いい人はその場で即答。「2、3社受けましたけど、時給がいいのでこっちにします」という人はけっこういます。

──たしかに私たちの調査でも、面接後に辞退する内定辞退のケースが相当数見受けられます。面接のあとにも、すぐにコンタクトを取るなどの工夫が必要なのでしょうね。

目の前のことと先のこと、両方見て採用するのが大事

──ちなみに、調査に基づいた数字を申し上げますと、内定を出したのに入社に至らないアルバイトが「4人に1人くらい」という結果が出ました。これは実感としていかがです？

🙂 A　競合は飲食店に限らないですからね…。私の店の前に大型量販店ができたんですが、私の店よりも時給がいいんです。募集広告には「時給1,500円」と出ていましたが、それは研修期間だけで、のちのち1,000円くらいになるんだと思いますが、それでも、私のところは950円からのスタートなので負けています。飲食に限らず周辺にある時給のいいところに、アルバ

イトさんが集中していると思いますね。

🅱 ウチはあえて最低時給から上げません。「その時給でいい」という方を採用します。お金でつろうとすると、そういう人は結局ほかの高いところに行っちゃいます。近くの店では、時給1050円なのに人が集まっていませんから、高ければいいというわけでもないと思います。

あと、ウチの場合は時間の融通が利くというのがメリットだと思います。たとえば、子どもを保育園に預けている主婦の方だと、2〜3時間の勤務でもOKとしていますが、それが大きなポイントではあるようです。

🅰 うちは学生さんしか集まらないので、「週2日入って」ではなく「月10日入って」という伝え方をしたりしていますね。学生さんは試験のときなど、週2日が難しい時期があるので、なるべく都合をつけやすいように気をつけています。

ただ、特定の層や年代のスタッフを集めすぎると、リスクが高くなるなと感じています。たとえば「いま大学2年生がすごく多くて人手に困っていないから、今年は1年生を採らない」とやっちゃうと、2年生の子たちがいずれごそっと抜けたときに困ります。先のことを考えて採用しないと、1年後、2年後に痛い目に遭うでしょうね。

——間に合っている近いところを見ながら、未知数の遠いところを見ないと。

🅰 そうですね。アルバイトさんもすぐには育たないので、一人前になってもらうことを考えて早めに採って、1年後には周りを巻き込むくらいの人を育てるようにしています。そうしないと、仮に自分が異動になったときに次の店長に迷惑がかかってしまいますから。そうやって店が回らなくなってしまうと、会社全体に悪影響が出ます。

「仕事のスキル」より「人間性」

──リーダー格になるアルバイトの見分け方と、育て方はいかがでしょう？

🅱 人間性ですね。時間はかかるかもしれませんが、人あたりのいい人のほうが、仕事ができる人よりみんなを巻き込む。もちろん、両方備わっていればいいですが（笑）。
「この子は多少問題はあるけど、シフトにいっぱい入ってくれるからマネジャーにしちゃおう」なんてやっていると、のちのち痛い目に遭います。それなら、仕事はあまり速くなくても、きちんとしていて性格がよく、人あたりがいい子を育てます。

🅐 いまの店に関していうと、学生が9割超で主婦がいないんです。学生さんの特徴として、自由さを求めたり、責任を負わされることをすごく嫌う。なので、「お客さんに対しては全員で責任を取るようにしよう」と言っていて、特定のリーダーはつくりません。ただ、「みんながリーダー」という感じでそれぞれに仕事を与えて、休みたいのであれば誰かに伝えてから休むように言っています。

──もし、主婦やフリーターが多かったとしたら？

🅐 そうはしないでしょうね。アルバイトのリーダーもつねにどの時間も2人は常駐するようにして、何かトラブルがあれば1人がそれに対応して、あとは店を守るようにしています。そうすると個人の負担も軽減できて責任も薄まるので、次に誰かを育てようというときも、「リーダーは大変そうなのでいいです」ではなく、「僕にもできそうなので、ずっとやっていたいです」と思ってくれやすくなります。
　リーダーやコアとなる人が1人だけだと、その人を見て「すごく大変そうだな」と思って、「自分には無理だな」と判断されちゃいますから。

🅑　ウチも学生さんが多いですし、もちろん仕事の速さも求めますが、コミュニケーションがとれてみんなをまとめる力がある人や、指示出しができる人がいちばんいい人材だと思います。
　キッチンとホール、あちこち動きっぱなしの仕事なので、それをこなすだけでもかなりの時間を要しますが、そこからさらにリーダーが務まる人をどう育てていくかは店長次第でしょう。コミュニケーションがとれて、人に指示できるような人であれば、経験が浅い人でもいいと思っています。

アルバイト育成の失敗談

　──育成に関して、「これは失敗したな」と思ったことはありますか？

🅐　「自分が教えないとアルバイトは育たない」と思って、一から十まで全部自分で教えようとしていた時期はうまくいっていませんでしたね。店長が何もかもやろうとすると、周りのアルバイトが「新人育成は店長の仕事なんだな」と思ってしまって、何もしなくなるんです。本当は逆で、「店長が新人に何も教えないから、みんなでなんとかしてあげよう」「みんなで店をつくっていこう」というほうが、職場全体が育つんですね。だから最近はけっこう放っておくようにしています。
　以前は自分だけ残業していたり、自分だけ頑張って教えたりしていましたが、それでは組織としてなかなかできあがっていかない。バランスが難しいですね。最初からアルバイトさんに任せっきりというのもできないし、店長がずっとつきっきりで教えるのも難しいですし、うまくバランスをとりながらやらないといけないと実感しました。

🅒　失敗例でいうと、任せっきりにしたため店長のカラーが出ないままということがありました。やはり、しっかり押さえるべきところは押さえて、任せるところは任せる。アルバイトさんにはアルバイトさんなりの教え方

もあるので、そこをうまく取り込んでやっています。
　ウチは早朝・深夜までやっているので、「朝まで自分がいたくない」というのもあって（笑）、新人育成をアルバイトに任せっきりにしてしまい、中途半端になって後悔したこともあります。残業してでもしっかりアルバイトの様子を見ながらやっていく、というのがいちばんだなと思いました。

🅱　人によって違いますし、その人に合った言い方とか叱り方を見つけないと、真面目な子ほどへコんじゃったりしてかわいそうですし…仕事はそんなにできなくても店に残ってほしいという子もいますからね。

店長は誰から学ぶのか？

　──店長自身は、アルバイト育成について、どうやって学ぶのでしょうか？

🅱　弊社では月に1回、上司であるスーパーバイザーとミーティングする機会があります。そこで店の問題点などは共有しますので、それに対して店長がどうアクションしてうまくいったか、あるいはうまくいかなかったなどのやりとりをしています。

　──上司は店長経験者、元店長ですか？

🅱　そうです。

🅒　ウチはそこまで凝っていないのが現状で、「おれの姿を見て覚えろ」的な昭和の職人風ですね（笑）。入社してすぐ、忙しい店舗に配属されたんですが、そのときの先輩店長の働く姿を見て覚えるという感じでした。
　仕事は任せてもらっていましたが、とくに教育の時間はありませんでした。「こいつはもう大丈夫だな。仕事を回せるな」と判断されたら店長を任されるというシステムです。

店長として配属されたあとも、困ったときには近くの店のベテラン店長に聞きながらでした。あとは、何もわからないままいきなりやらされたので、「自分でなんとかしなくちゃいけない！」と、根性でやっていました。そういう意味では、このままだと今後、店長のクオリティがどうなっていくのかという不安はあります。

　――そのベテラン店長さんは、快く教えてくれたんですか？

　はい、いまでも仲はいいですね。ウチは店長同士の信頼関係は強いと思います。

「店長を出せ！」という客は必ずいる？

　――店長になっていちばん焦ったことは、どんなことでしょう？

　クレーマーはどの店にもいると思いますが、私があがったあと、アルバイトさんだけになったとき、クレームが出たことがあります。タバコが嫌いなお客さんで「禁煙席に座ったのに煙が来る！　店長を出せ！」とクレームを言って、アルバイトに私の携帯に電話をさせたんです。

　店長になりたてだったのでどうしていいかわからなくて、近くのエリアの先輩店長に助けを求めました。代わりに電話に出てもらったんですが、どれだけ謝っても耳を貸さずに「社長を出せ！」とずっと言いっ放しで…。あまりに過度な要求だったため、「もうこれ以上対応できませんので」と言って終わりにしました。

　こっちがずっと「すいません、すいません」と謝り続けていると、大抵の人の怒りは鎮まりますが、それでも言い続けてくるのは明らかにクレーマーです。そこで折れておかしな要求を呑んでしまうと、何度も店に来たり、周辺のほかの店にも影響が及んでしまう可能性もあります。

　もう1つ、これも私が家に帰って深夜3時くらいに、店から電話がかかっ

てきたこともあります。会計時に次回の来店時に使えるサービス券を渡したところ、お客さんが「いますぐ使わせろ。なんでいま使えないんだ！」とゴネたんです。私が電話に出ると、「おい店長、いま使わせないと、この店員ぶん殴るぞ！」って…。かなり酔っていて、明らかに言動がおかしい。

　店には行けなかったので、そのまま警察を呼んで対応してもらいました。といっても、私も店にいたわけではないので、最初はイタズラ電話扱いをされて、警察からも「それ本当？」って疑われたりして（笑）。翌日、防犯カメラを確認したら、かなりフラフラ状態の酔っ払いがアルバイトに絡んでいる様子が映っていました。あのときは警察を呼んで正解だったかなと。

　客層や土地柄のせいもありますが、こんな感じでアルバイトさんに負担をかけてしまうときもありますね。

🧑B　私もクレーマーには苦労した記憶があります。お客さんのスーツにドリンクをこぼしてしまったことがあって…。最初こちらはスーツのクリーニング代をお支払いしますと言ったんですが、「それだけか？　誠意を見せろ」としつこい。「お金を出せ」とは言わないんですよ。「お金」って言うと恐喝になってしまうことを向こうも知っているようで。

　トラブルが起きたのが深夜2時くらいだったんですが、そのお客さんが帰っていったのが朝7時でした。私の直属の上司と店長がどれだけ話しても埒が明かず、結局、警察に仲裁に入ってもらいました。警察が来てしばらくすると帰っていきましたが、そのあとも何回も店に来ていましたね。

　——こういうとき、本社側が何か対応してくれたりはしないんですか？　すべて店長で対応しなければならない？

🧑B　いまのところ、本社が介入してくるケースはないですね。現場で起きたことの最終対応者は店長だ、というのが会社のスタンスです。たとえば、「アレルギーなのでこの食材は抜いてほしい」と言われたのに、間違って入れてしまって事故が起きてしまった、なんてことになれば、さすがに本社が出てこざるを得ないと思いますが。

やはり実感するのは深刻な人手不足

🅐　ウチはエリア的に客層がいいほうなので、そういうトラブルは少ないですね。ですから、やはりいちばん困ったのは、採用ができない、人がまったくいないといったことです。たとえば、4人必要なのに、シフトに入れるのが私1人しかいない、なんてこともありました。あのときはどうなることかと思いましたね。

🅑　ウチではないんですが、店の近くの競合他店に張り紙がしてありました。本来は夜の12時くらいまでやっているはずが、「人手不足のため夕方5時で閉店させていただきます」と。人手不足もここまで来たかと思いましたね。

🅐　私の店がピンチのときは、社員を投入してもらいました。会社としても、いまは人手不足の問題が非常に大きいことをわかってくれているので、10年前に比べれば対応がすばやくなっていると思います。

🅑　ウチの会社でいうと、東京都内よりも隣県なんかがより深刻な人手不足ですね。あるいは、東京でも郊外のほうに行くと、国道沿いの大型商業施設に人材が集中してしまったりしています。その商業施設だけでものすごい数の従業員が働いていますから、こうなるとどれだけ媒体に求人広告を出しても、もう人を集めようがないわけです。

――でも、そういうモールって休日に人が集まるとしても、平日にはそこまでお客さんも集まらないでしょう？　あまり効率がいいとは言えませんよね。

🅑　外食などでは、平日と土日の売上差が、3倍から3.5倍を超えてくるとかなり厳しいと言われています。要は、土日の売上に合わせて人を揃えて

しまうと、平日にダブついてしまって、結局退職されてしまいます。

🅒　場所柄はありますね。いまの店だと、直近で募集をかけたときには6人くらい採れてほっとしました。同じエリアの店長さんたちと、毎週金曜日の夕方に、シフトの穴埋めのためにアルバイトさんを融通し合う調整会議をするんですが、それでも人手が足りない…なかなか厳しいですね。

「店長ならでは」の悩みは？

――ご自身が仕事をしているうえで、悩みとか課題があれば教えてください。

🅑　やはり人材確保です。ウチもお昼の忙しい時間なんかは、ほかのお店からアルバイトさんを融通してもらいながら十数名で働いていますが、できればもう4、5名は追加したいと思っています。ただ、人口がどんどん減っていくだろうとされている今後、どうやって人をキープしていけばいいのか…。

🅐　店長ってマネジメントもしますが、実際にはワーカーも兼任しているわけで、結局はほかの人、つまりアルバイトのみなさんに頼らざるを得ません。ですから、ワーカーとしてではなく、店長としての時間をどれだけ確保できるかがいまの自分にとっての課題ですね。人に頼らざるを得ないにしても、結局、責任をとるのは店長ですから。

🅒　人材は本当に不足していますから、〝いかに辞めさせないようにするか〟が課題です。自分自身もまだ、アルバイトとしっかりコミュニケーションをとれていない部分もありますし。ですから、スタッフそれぞれの性格や考え方をよく知り、叱るべきところは叱って、フォローもしっかりして続けてもらうようにするのがいちばんでしょうね。

あとは、店の雰囲気がよくなれば自然に人は集まってくるのではないかなと。店長としてどういう雰囲気のお店にするのかということが、人材不足解消にもつながる永遠の課題ですね。

「店長ならでは」の喜びは？

　——お店の雰囲気をよくするために、どんな工夫をなさっているのでしょう？

　C　まずは言葉です。新人の場合はとくに接客用の言葉遣いができてない部分が見受けられるので、そこはまずしっかりしようと話しています。あとはお辞儀をしっかりするとか、お客さんに見えるところだけでもきれいにしようとか。
　それで人が育ってくれたら私もうれしいですし、アルバイトさんも続けていってくれるのではないでしょうか。まあ、まだ完全にできているわけではないので、「そうしていけたらな」という話でもあるんですが（笑）。

　A　工夫というほどではないですが、まず店長である自分自身が楽しくやるのがいちばんです。「おれについて来い」というよりも、できるだけ自分が大学生の目線に近づいて、ちょっと楽しい感じを演じながら仕事の話もしつつ、学校の話もしつつ。

　——ある意味、店長も「役者」というか、演じないとダメなんですね。

　A　そう思います。とくにウチのような学生メインの職場では、そういう努力がないとやっていけないという気持ちがありますね。主婦の人なんかがいれば、それはそれで違うんでしょうが…。

　B　ウチでやっているのは、「みんなでこれだけの売上を目指そう」と共通

の目標をつくることですね。社員である我々から見たら、そんなにすごい目標である必要はないんです。目標を超えたときには、自分が心から「すごい！　こんなに売れたじゃん」と言って褒める。周りのアルバイトたちも「今日はこんなになったんだ！」って喜びますし、やりがいも出るので。細かい数字って意外に喜んでくれるんです。褒め方に段階をつけて、どの段階で誰の心に響く・響かないということは自分なりに整理しています。

🅐　アルバイトの子は社会経験もないので、私は仕事を教えるというよりも、人として、社会人として成長してほしいという考えで接しています。なので、たまに「先生」とか言われちゃったりして（笑）。

　彼らは学生なので「いつまでも店にいてほしい」とは思っていません。その子たちの今後の成長を考えて接することが、結果的には定着につながるのかなと思います。仕事を覚えてくれたこと、成長してくれたことにうれしさを感じる。「前はできなかったのに今日はできたね」「じゃあ今日はこれやってみようか」と段階を踏んで、本当にお店を回せるような立場になってくれると、やりがいを感じます。

🅑　1年生や2年生で入った子が、卒業まで残ってくれるとやっぱりうれしいですね。

現場で戦う店長が本社にしてほしいこと

　――クレーマーに関するお話のところで、「店で起こったことは店舗責任者の責任だ」とおっしゃっていましたが、現場の長として「本社にこうしてほしい」という要望はありますか？

🅑　私はメニューの数をもっと減らしてほしいですね。メニューを増やしても、大して売上は変わりません。お客さんの選ぶ時間が長くなりますし、選ぶことにはストレスを感じます。同時に複数の新商品なんかが出ると、資

材を置く場所をバックヤードに確保しないといけない。でも、お店のスペースはカツカツなんですよ。そしてアルバイトのほうも、新メニューに慣れなければなりませんし。

🅒 私はズバリ教育ですね。会社にはもっと社員やアルバイトの教育に時間とお金をかけてほしいです。先ほども言ったとおり、ウチは出店数が増えているわけですが、このまま行くと、最終的にお客様を逃すことになるのではないかという危機感があります。出店し続ければ売上は一時的に上がるでしょうが、人件費も上がる一方で、かつ個人の能力は低くなっている。いつまでもこれを続けるわけにはいかないと感じています。

それなら一度出店をやめてでも、教育に投資したほうが絶対にいい。B店長さんのお店のように、最初はつきっきりのマンツーマンで新人アルバイトに教えられるような環境を整えてほしいですね。とくに外食産業というのはアルバイトさんありきですから。教育をしっかり続けていけば、アルバイトさんも辞めないと思いますし、会社自体のイメージ向上にもつながっていくんじゃないでしょうか。

──外国人の方も、もうちょっと長く研修すれば戦力になるかもしれませんね。

🅒 ええ、外国人が増えているからこそ、日本の接客や日本語教育などをもっと深くやるべきだと思います。

🅐 私は東京オリンピックが終わってからどうなっちゃうんだろう、という心配がすごくありまして…。いまのままのやり方でいったら、間違いなくうまくいかなくなる店が出てくるんじゃないかと思っています。どんどん人が減っていくなかで、たとえばアルバイトさんだけではなく、一時的に人がいなくなるという事態はお店として発生するので、そのときのサポートはいままで以上に考えてほしいですね。

🅱 チェーン店だと、売上に対してのアクションは限られてしまいます。ですから、人に対しての投資をして、来ていただくアルバイトさん自身が成長できるような運営をしていったほうが、結局は会社の成長にもつながるんではないでしょうか。

多忙な店長の悩みは「人」

――有休や休日に関してはいかがでしょう？ 店長ともなると、なかなか取りづらいのでは？

🅰 外食産業は、全体的に有給休暇の消化が遅れている傾向にあると思いますが、私も入社以来、あまり有休を取れていませんね。

たとえば、店を回すリーダー格の人が休んじゃうと、自分が出ないといけません。ほかからヘルプを借りたいんですが、ほかの店も人手不足ですからなかなかお願いしづらいんです。自分だけ休んじゃうと周りの人に申し訳ない、という雰囲気になっているんで…。最近は新入社員も入ってきているので、新入社員に頑張ってもらえるような体制を整えて、なるべく休みを確保するようにはしています。

ここ数年、ブラック企業の問題など労働環境が話題になっているので、会社からも「休みを取りなさい」と言われていますが、実際問題として私が休みすぎるとお店の数字にも響くので、なかなか休みづらいという板挟み状態になっています。

――外食産業は、徹底して、有休消化の普及に努めなくてはなりませんね。これでは、さらにマネジメント人材の人手不足を招いてしまいます。

🅱 私も入社して10年間ですが、有休はあまり取れていません（笑）。年末年始は短縮営業もありますが、私の店は大晦日も元日も営業しているので、休むタイミングなんかも世間とは全然違いますね。

また、担当する店によっても休みやすさはかなり違っていて、以前はデスクに座って時計を見ながら定時になるのを待って、「よし、定時だ帰ろう」って飲みに行けたときもあります（笑）。いまの店はなかなかそういうわけにもいかないですが…。

🅐　私はだいたい週に1回くらいは休みます。お店をしっかりと立て直して「よし、ようやく連休が取れるぞ」という頃合いになると、なぜかまた忙しいお店に異動になるというパターンが多くて、なかなかしっかりは休めませんね（笑）。

　――店長さんの悩みは、売上や利益といった話が中心なのかと思っていましたが、みなさん「人」の問題で悩んでいらっしゃる方が多いので驚きました。

🅑　チェーン店の場合はとくに、業績を左右するメニューとか戦略って、すべて本部が決めてしまうので、店長としてできることってあんまりないんですよね。だからこそ、ちゃんと人を確保して店を回していけるかが何よりもまず大事なんです。

　――やはり店長にできるのは「よい職場をつくること」なんですね。現場の生の声を聞かせていただき、非常に勉強になりました。今日はどうもありがとうございました。

おわりに

『アルバイト・パート［採用・育成］入門』いかがでしたでしょうか？ この最後のパートでは、中原先生とバトンタッチさせていただき、今回のプロジェクトをともに進めてきたパーソルグループの渋谷和久（パーソル総合研究所 代表取締役社長）から本書に込めた想いについてお伝えさせてください。

ある方に今回の本のことをお話しした際、こんな質問をされました。

「渋谷さん、とてもすばらしい企画だと思うんですが…〝大丈夫〟ですか？」

この方が言いたかったのは、アルバイト・パートの採用を支援する求人広告事業（an／LINEバイト）を手掛けるグループ会社があるなか、シンクタンク部門が「採用よりも〝辞めさせない仕組み〟をつくることのほうが重要だ」などと主張してしまうと、ほかの事業部門から物言いがつかないのか、ということでしょう。

たしかに「採用支援が主たる事業」という従来の見方に従うのであれば、そのとおりかもしれません。アルバイトの離職率が高く、恒常的に企業・職場が人員募集をかける状況が続いたほうが、求人広告事業への引き合いは維持されるからです。

しかし、長らくアルバイト・パートの求人広告事業に身を置いてきた私には、高い離職率を放置したままクライアント企業の採用支援を続けるこ

とが、「穴の開いたバケツに水を注ぐお手伝いをして、お金を頂戴している」ようにも感じられていました。

　そして、「人が1人辞める」ということには、いつもそれ以上の意味があります。採用コストや育成コストが無駄になるだけでなく、辞めた当人や残る仲間、そしてもちろん、店長・上司の方々にも大きな心理的な負担がかかるからです。

　だからこそ、私たちは「採用」のお手伝いだけでなく、「採用の〝あと〟のこと」、つまり人材の定着・育成にも貢献していきたいと考えています。本書が「アルバイトの採用＝入口対策」よりも、「アルバイトの育成＝出口対策」に軸足を置いてきた背景には、こんな想いがあります。

　もはや「アルバイトは辞めたらまた採ればいい」という考え方ではやっていけません。「いかにアルバイトに活躍し続けてもらうか」という発想が必要です。また同時に、これからの企業や職場には「アルバイトを選ぶ側」から「アルバイトに選ばれる側」へとスタンスを変えることが求められています。

　現場で日夜奮闘されている店長のみなさんは、時代のこうした変化にお気づきのことと思いますが、企業レベルでも認識は変わりつつあります。かつて、ほとんどの大手企業では、アルバイト採用に責任を持つのは、いわゆる現場部門＝営業部門の方でしたが、昨今は全社的な人事部門の重要テーマとして扱われることが多くなりました。
　さらに、一部の先進企業では、人手不足が全社業績に影響することに気づき、経営企画部門の担当役員の方が私たちにご相談をお寄せくださるようになりました。時代の流れに敏感な経営者ほど、「これからの時代、アルバイトの確保戦略に真正面から向き合わなければ、事業の持続的成長が危うくなる」ということにお気づきなのでしょう。

こうした変化は、ひと昔前には考えられなかったことです。アルバイト人材の「成長」を重視する風潮が広がっているまさにこのタイミングで、私たちと想いを同じくする中原先生と共同研究を進められたこと、そして、その成果を「日本初の店長の教科書」として世に出せたことをうれしく思っています。中原先生、本当にありがとうございました。

　私たちはさらにこれと連動するかたちで、独自の「店長研修プログラム」の開発にも乗り出しています。中原先生に講師をお願いし、すでにパイロット版の研修をいくつかの企業様で実施させていただきましたが、参加された店長・マネジャーのみなさまからは大好評の声をいただいています。2017年4月には正式リリースの予定ですので、ぜひこちらでもさらに学びを深めていただければ幸いです（お問い合わせ先は223ページ）。

＊　　　＊　　　＊

　最後に、本書は多くの方々のご助力なしには生まれることはありませんでした。世界的にも類を見ない規模の調査プロジェクトに賛同いただき、多忙を極めるなかアンケートやインタビューにご協力いただいた参画企業のみなさま・現場スタッフのみなさまには、改めて心より御礼を申し上げます。
　また、個別取材に応じてくださった企業様、貴重なお休みの日に覆面座談会にお越しいただいた3名の店長様、それらの模様をまとめていただいた高関進さん・前田浩弥さんにも感謝の意をお伝えします。
　最後に、制作にあたって全面的にご協力をいただいたライターの井上佐保子さん、本書の企画・編集を担当してくださったダイヤモンド社の藤田悠さんにも、この場を借りて御礼をお伝えしたいと思います。ありがとうございました。

　そして、『アルバイト・パート［採用・育成］入門』をお読みいただいた読者のみなさん、私たちの願いも、中原先生が「はじめに」で書かれてい

たことと同じです。どうか1つでもけっこうですのでヒントをつかみ、明日からの業務に活かしていただければ、そして、それがみなさんの「職場づくり」への一助となれば、著者としてこんなにうれしいことはありません。

渋谷和久（パーソル総合研究所 代表取締役社長）

［執筆者紹介］

■中原淳（なかはら・じゅん）
東京大学 大学総合教育研究センター 准教授／東京大学大学院 学際情報学府（兼任）／大阪大学博士（人間科学）
1975年北海道旭川生まれ。東京大学教育学部卒業、大阪大学大学院 人間科学研究科、米国マサチューセッツ工科大学客員研究員などを経て、2006年より現職。
「大人の学びを科学する」をテーマに、企業・組織における人材開発、リーダーシップ開発について研究している。専門は経営学習論・人的資源開発論。
著書に、『職場学習論』『経営学習論』（いずれも単著、東京大学出版会）。『会社の中はジレンマだらけ』（光文社新書）、『アクティブトランジション』（三省堂）、『企業内人材育成入門』『研修開発入門』『ダイアローグ 対話する組織』（以上、ダイヤモンド社）など編著・共著多数。

［Blog］http://www.nakahara-lab.net/（東京大学 中原淳研究室）
［Twitter］nakaharajun

■パーソルグループ
日本最大級の総合人材サービスグループ。本書においては、同社のシンクタンク・コンサルティング機能を担う株式会社パーソル総合研究所が、中原淳氏とともに大企業7社8ブランド・約2万5000人に対する大規模調査と各種分析・示唆の抽出を実施している。

渋谷和久（しぶや・かずひさ）
テンプホールディングス株式会社 グループ営業本部本部長／株式会社パーソル総合研究所 代表取締役社長
1976年生まれ。1999年新卒にてアンダーセン・コンサルティング（現アクセンチュア）に入社。2004年株式会社インテリジェンスに中途入社。アルバイト求人広告事業（an）にて営業企画部門、大企業向け営業部門、代理店統括部門の各責任者を歴任。インテリジェンスとテンプグループの経営統合により、2014年4月より現職。
日本を代表する大手・成長企業に対し、パーソルグループを代表して中長期的かつ幅広い視点でソリューションを構築・提供する役割を担う。パーソル総合研究所では人事・組織コンサルティングサービスと「HITO（ヒト）」をテーマにした調査・研究活動を牽引している。

櫻井功（さくらい・いさお）

株式会社パーソル総合研究所 副社長執行役員 兼 リサーチ部部長

1959年東京生まれ。一橋大学法学部、米国コーネル大学ロースクール卒。日本の都市銀行（現メガバンク）において17年間、国内支店、国際金融部門、大企業営業部門、人事部門、米国現地法人などを経験したのち、ゼネラルエレクトリック、シスコシステムズ、HSBC、すかいらーくの人事リーダーシップポジションを歴任。経営のパートナーとして、事業のオーガニックな拡大、および、事業買収・売却・オフショアリングほかの経営戦略遂行時に求められるカルチャー変革、人事制度改革、タレントマネジメント、グローバル人材育成体系の構築、人事トランスフォーメーション／プロセス改善などの戦略的人事サポートを提供。とくにすかいらーくにおいては人事担当役員として、人事制度改革ならびにそれを通じた風土改革プロジェクトをリードし、IPO実現に寄与。2016年5月より現職。

小林祐児（こばやし・ゆうじ）

株式会社パーソル総合研究所 研究員

上智大学大学院 総合人間科学研究科 社会学専攻 修了。世論調査機関に勤務後、総合マーケティングリサーチファームに入社。大手一般消費財メーカー、大手飲料／食品メーカー、広告代理店などのプロジェクトで市場調査の企画・実査・レポーティング業務に従事。各種の定量調査・定性調査・訪問調査・オンラインコミュニティ調査など、多岐にわたる調査手法を経験。主な研究領域は理論社会学・情報社会論など。2015年より現職。

井上史実子（いのうえ・ふみこ）

株式会社パーソル総合研究所 編集員

神戸大学卒業後、小学校教員を経て編集プロダクションへ。日経BP企画（現日経BPコンサルティング）にて雑誌広告や冊子、ウェブサイトなどの編集に携わったのち、ウェブマーケティング会社を経て、2011年株式会社インテリジェンスに入社。アルバイト・パート採用担当者向け情報サイト「anレポート」の運営・編集を担当する。2014年より現職。

▼研修プログラムお問い合わせ先▼
アルバイト・パートの「採用・育成」を促進する
店長・マネジャー研修プログラム
persolinfo@rc.persol.co.jp（パーソル総合研究所）

アルバイト・パート［採用・育成］入門
──「人手不足」を解消し、最高の職場をつくる

2016年11月1日　第1刷発行
2017年3月23日　第2刷発行

著　者──中原淳
　　　　　パーソルグループ
発行所──ダイヤモンド社
　　　　　〒150-8409　東京都渋谷区神宮前6-12-17
　　　　　http://www.diamond.co.jp/
　　　　　電話／03・5778・7234（編集）　03・5778・7240（販売）
ブックデザイン─黒岩二三（Fomalhaut）
製作進行──ダイヤモンド・グラフィック社
印刷────信毎書籍印刷（本文）・加藤文明社（カバー）
製本────加藤製本
編集担当──藤田 悠

©2016 Jun Nakahara & PERSOL GROUP
ISBN 978-4-478-06895-3
落丁・乱丁本はお手数ですが小社営業局宛にお送りください。送料小社負担にてお取替えいたします。但し、古書店で購入されたものについてはお取替えできません。
無断転載・複製を禁ず
Printed in Japan